協議民主主義
中国モデルの創造と実際

林　尚立　著
宮島　泉　訳
三宅孝之　監訳

グローバル科学文化出版

目次

まえがき

中国社会はとどまることなく現代化への道を歩み、無意識的にから意識的に変化する過程(プロセス)にある。無意識的とは、中国悠久の歴史、伝統および巨大な文明体系と関連している。その中で、中国の成熟した価値体系や制度体系が構築され、中華文明の中核となる文明と帝国の体系が支えられてきたことが背景としてある。明らかなことは、この秩序および体系が崩壊しない限り、この社会と国家が自ら進んでこの体制に別れを告げ、新たな秩序体系を受け入れるということはないということだ。無意識から意識へと向かう中で、中国悠久の歴史的伝統と巨大な文明体系とが結びつき、さらには外来勢力が伝統的な帝国の秩序体系と衝突したことによって、後に文化的伝統、歴史的過程、加えて民族の責任を基盤にこの社会と民族は強烈な民族文化回復の精神を生み出した。意識的に人類の文明発展と向き合い、歴史と文化、現実と未来を省察し、現代化に向かう過程の中でいわゆる意識的発展というものを形成してきたのである。近代以降、革命と改革を経験することで、中国は自発的に民主共和制、社会主義、市場経済、社会と国家の全面的開放を選択してきた。これらの歴史性を有する自発的選択こそが、今の中国の奇跡を生み出したのだ。

歴史を振り返り、これらの自発的選択をその根本的意義から述べるとするならば、いずれも中国が発展するためのロジック（論理）、人類発展の基本的規律を全面的に再考することで形成されてきた。民主共和制の選択は伝統的な帝国制度の実現を基盤に据えることを一貫して否定へと転換し、中国現代化への発展に必要な現代政治制度についての深い認知により形成されてきた。社会主義の選択は、自由資本主義制度に対する完全なる失望、自由資本主義制度が社会主義にもたらした国家の独立をも凌駕する民族復興および人民の幸福に対する強い渇望という危機が背景に潜んでいる。その根源に、市場経済の選択は社会主義とは一体何なのか、どのようにして社会主義を再認識するのか、市場経済の現代の人類発展における地位とその作用を再評価し、位置づけていこうということがある。全面的開放の選択は世界の発展プロセスとの融合、中国が現代化にむけ発展していくための道筋全体を把握し、現代の人類発展の傾向全体と自発的認識というものがその根源にある。今日、中国共産党第十八回全国代表大会（以下、十八大という。）における協議民主制の発展というのは、西欧的な民主主義をしっかりと捉え、人民民主主義の効果的実践を全面より把握することによって形成された選択なのである。

現代中国における政治発展のロジックからみるに、民主制は中国の二つの基本的問題を解決している。第一に、伝統国家から現代国家への転換の促進である。中国は現代国家の枠組みに内在する一体性を保持している。辛亥革命以降、共和制は中国民主政治の建設および発展の原則と目標、また共和制の中核として国家の各民族、各階層、各団体の共存と共生を構築してきた。第二に、人民民主制の発展で人民が主体、人民が国家の主人公となることを実現可能にしたことである。人民民主制は、人は発展の源であり、発展は人の源であり、人民は国家の源であり、国家は人民に奉仕するためにあり、人民は国家の主人公であり、共に人民国家を建設することを根源としている。

人民民主主義制度は、人民が団結し、一つの有機的統一体として国家権力を掌握し、国家権力を動かしていくことを礎としている。この二つの基本的問題は密に結びついており、中国民主制のもつ二つの側面といってもよいだろう。共和制がなければ、中国は人民民主主義制度の確立は到底なしえなかった。なぜなら各民族、各階層、各団体の人民が団結して、有機的統一体を成すことは不可能だからである。人民のすべてのエネルギーというのは国家権力により掌握されている。逆に人民が国家の主人公でなければ、中国の共和制というものは根本的に保障などできない。仮に国家が人民全体を手中におさめていなければ、各民族の人民の平等を基盤にした共存や、階層の異なる人々が団結、共生する民主共和制がない政治基礎だけが残ることになる。以上のことを踏まえるに、共和制というのは、中国現代国家の構築および発展の土台であり、人民民主主義制度の構築および発展の基礎であると言える。共和制の出発点というのは多元的な共生と共存であり、また共栄と共和の原則というのは自主と平等である。そして、共和の実践への道というのは協議（原語「協商」）制度にほかならない。

協議制度というのは民主共和制の内的要請である。実際、民主制を内的ロジックからみた際、協議制度は民主制の最も初期の形態であり、運用形式である。協議制を運用していく中で困難が生じた時のみ、人々は投票により決定する。この側面から鑑みるに、中国共産党が強調している選挙と協議制度は、中国的民主制における二つの重要な形式であり、現代民主制の精神と形態に合致している。

実際のところ、現代中国にとっての協議民主制というのは中華人民共和国が成立当初以来の民主制の在り方である。中華人民共和国を成立させた第一回「全国政治協商会議」こそ、まさに協議民主制を運用する政治機構であり、同時にこのような機構を通じて、中華人民共和国の建国に用いた『共同綱領』と新たな基本制度を用いて、各党派と各界名士は協議民主制の基礎知識を広く共通認識とし、協議による国家の建国を実現したのである。国家は協議制を基に誕生し、協議制は中華人民共和国の政治生命として内在するものとして国家の合法性を構築し、国家強化に有効な要となったのである。改革前後の政治実践を表裏両面から証明してみよう。協議制度の運用は良くも悪くも、国家運営の水準および民主主義の発展の程度を直接決定できる。これは協議制度の開発と運用、それに関連した仕組みを、一貫して改革開放以来の中国政治建設および政治発展にとって重要な戦略となっていたことによる。一九八七年、中国共産党

第十三回全国代表大会（以下、十三大という。）における協議対話制度の設置は政治改革とその建設のための重要な決定の一つであった。一九八九年十二月、中国共産党中央委員会（以下、中共中央という。）は第一回、『中国共産党指導者の多党合作及び政治協商制度の堅持及び完全化に関する意見』を決定した。一九九三年、中国共産党指導者の多党の共同合作および政治協議制度は国家の基本的政治制度として憲法に書き加えられた。二〇〇六年、『中共中央人民政治協商事業に関する意見』において、「人民は選挙、投票を通じて権利を行使し、更に人民内部の各方面の重大な政策は決定前に協議制度内で十分な討議をもち、共通した問題については可能な限り意見の一致を目指すことが我が国の社会民主主義における二つの重要な方法である。」と明確に記載されている。まさに、これが長期的理論の探求であり、政治実践および制度建設を基盤とした、中国共産党の十八大で創出された、「社会主義協商民主制度」であった。この概念は、実際には中国共産党の多党共同合作および協議制度、また党、政府、社会、ひいては巨大な民衆間での協議対話制度、末端の民主協議制度をも網羅している。これは十八大が健全な「社会主義協商民主制度」が将来的に中国の特色となり得るよう、社会主義政治の発展と政治体制の改革をするにあたり重要な政治的部署であり、中国の将来的な政治建設および政治発展の空間を拡張のためのものであることを意味している。中国共産党の第十八大三中総会での「決定」というのは、一歩進んだ協議民主制の意義について述べたものである。「協議民主制は中国の社会主義的民主政治に特有の形式と、独自の優勢を有し、中国共産党の大衆路線は政治領域の重要な具現化である」という理論的観点を指している。協議民主制の広範な多層制度の発展を推進すべく、全面的な計画および部署を立ち上げたといえる。中国共産党の第十八大三中総会での「決定」は協議民主制に関連した一連の新観点、新措置、新部署を与えるものであり、党員に対しては協議民主制の認識と実践において新たな水準へ到達することへの表明であったといえる。

改革開放以来、協議民主主義に関連する政治建設の歴史過程をみるに、健全なる社会主義的民主主制度は中華人民共和国の国家建設および民主主義建設に内在する要請であり、同時に改革開放以来、中国が頑に中国独特の社会主義的政治制度の発展への道を維持してきたことによる必然的な成果といえる。社会主義の協議民主制度といえども、一つの制度体系としてはまだまだ、さらなる健全化が必要である。ただ、長期的探求と実践において中国の民主主義制度および民主的生活の中には既に融和しており、中国民主主義制度の建設および発展の戦略的基盤のプラットフォーム（土台）を築いている。ここで、一つ断っておきたいのは、一九八〇年代、西欧社会は、代議制民主主義制度がもたらす公民と公共政策の乖離を修正し、比較的豊かな民主制度の実践および理論の総括を目指したが、十八大がそれまで強調してきた「協議民主制」というのは西欧の協議民主制度の実践とはその本質的な部分で根本的に異なるということである。なぜなら、協議民主制度は中国で確立、成長した人民民主制の実践の産物であり、人民民主制の本質的要求を具現しているからである。まず、中国共産党は協議民主制度を通じて、人民共和国を樹立し、人民民主制度を設立した。続いて、中国共産党は協議民主制度を通じて、中国共産党指導者らの多党共同合作および政治協議制度を確立し、それを中国の基本政治制度とした。続いて中国共産党は協議民主制度を通じて、党の大衆路線を変更し、公民が政府の政策決定、民主的政策決定、民主的管理の制度体系に参加し、それらを全面的に享受できるようにした。最終的には、中国共産党が協議民主制度を通じて末端の大衆の自治制度を充実、強化させ、莫大な民衆が日常生活および生産活動において、自己の権利の保障、自己管理の実現、公共のもつ基礎的利益、行動をとるための経路の維持確保を可能とした。これらのことから、協議民主制度は中国共産党指導者にとって民主制の実践において共同して成長することが可能なことであったばかりでなく、また中華人民共和国の成就に留まらない、中国人民を中心にすえた権利とその実践をも成就させたと考えてよいだろう。協議民主制度は中国で実践されている民主制度のすべてではないが、中国で実践されている民主制度全体と関わっている。このことから捉えると、西欧の提唱する「協議民主」とは中国の協議民主制度の一環にすぎない。

中国の協議民主制度の創設は、中国の政治協議制度と深い因果関係があるが、その起源は政治協議制度ではなく、人民民主主義制度にある。これは、政治協議制と言うが中国の協議民主制度の重要な内容であるもの、唯一ではないということを意味する。人民民主主義制度のロジックの出発は、中国の協議民主制度が三大利益関係を取り巻いて、強調展開されていることを意味する。まず挙げるならば、個人利益の強調である、これは主として大衆の自治が形成する公民の協議を基盤とする。続いて、集団利益の強調であり、党の大衆路線および政府の民主政策の決定により形成されている社会協議制を指す。最後に国家と公共利益の強調である。これは、その党派間の提携と人民政協（「人民政治協商会議」）により形成される政治協議制といえる。

この三段階での協議というのは、それぞれが明確な価値、制度および組織基盤を備え、一つの政治体系において、相互補充、相互促進することにより一つの完全な協議民主制度の体系を構成している。

中国の協議民主制度は人民を主とし、利益展開の強調と関連しており、そこから流出する効果は国家の発展に大きな価値と意義を有する。公民にとって協議制度は社会との調和を創造するだけでなく、社会全体の自治能力の引き上げを可能とし、中国の社会システム（体系）の継続的発展と育成を実現する。社会にとって協議制度がもたらす科学的な政策決定、党、国家および人民が提携することによる共同政治の枠組みは、中国の持続発展可能な科学的指導者の養育と政策体系、さらには効果的なビジネス・システムの育成をも促す。政治協議のもたらす全社会的な提携、協調、国家に内在する一体性および国家意志の優勢化は、繰り返しになるが持続発展可能な指導システムの形成、安定した国家の一体的構成および民主政治システムにとって有効なのである。

結局のところ、協議民主制度の発展は、中国の民主政治建設の助けとなるばかりでなく、国家全体の前進、発展を推進するのである。改革が競走段階に入った中国の発展状況からみると、協議民主制度は改革発展を誘発する動力となる重要な枠組みであり、戦略的方面から高度に協議民主主義の建設の発展を重視せねばならない。

第一章　協議の中国的民主主義における意義

協議制度は中国的民主主義制度が成長するうえに必要な国内的要素である。その役割は二十世紀一九八〇年代末に生まれた協議民主主義制理論に関連する協議民主制とは大きく異なる。前者は民主制が中国社会に適応し、根付いたことにより生じたものである。後者は現代西欧の民主主義制度を救済するため、「民主制をさらなる民主制へ」という概念を基に生じた。それゆえ、協議制は中国において発展を遂げた民主制にとどまらず、中国の国情における民主的な政治形態の発展およびその完全なる適合のために重要な意義を有するのである。

民主制は語源学の定義上では至って簡潔であり、民主制とはすなわち人民による統治であるに留まる。[1]人民という概念がどれほど抽象的または不確定なものだとしても、一旦民主制を実践すれば、自ずと明確な方向を指し示す集団が出現してくる。人民による統治の中で、民主制

1 〔米〕ジョヴァンニ・サルトーリ『民主新論』馮克利、閻克文訳、東方出版社、一九九三年版、二二頁。

というのはその集団の一人一人の自主性と権利平等の承認を基礎とする。ただ、民主制を実現する際、平等の権利を備えた各民主制にも「公衆の意志」、あるいは「大衆の意志」を基礎とした人民統治の形成には協議制のプロセスも含まれている。このプロセスは、各種制度上あるいは制度上でなくても表現できる。仮に競合的選挙だとしても協議制は存在しており、候補者と投票者間での交流がそれにあたる。つまり、ある程度の水準で捉えたとき、協議制というのは民主制に内在する特徴となりうる。

民主主義の主体というのは人であり、まさに人々が民主主義を用いて問題解決を試みれば、必ず協議のプロセスを採っていた。民主主義プロセスの最終表決は、人民が協議制の結果およびその合法性を模索した際に生じた方法の一つであり、手段なのである。異なる生産と生活の領域で自主的実践を行えば、経済民主主義、社会的民主主義、政治民主主義等の異なる民主主義の形態が創造されることになる。これらのうち、政治民主制というのは、民主制本来の形態である。民主という単語そのものが生まれた時、政治民主制は人民が権力を掌握し、自ら統治をおこなうことを意味していた。一国家の発展という点から鑑みれば、経済と社会領域における民主制の発展は極めて重要であるが、政治民主制はい一国家の民主制成長に対し明確かつ決定的な前提として存在しているのである。これは、米国研究者のジョヴァンニ・サルトーリが言うところの「政治民主制は我々にとって大切な、民主制や民主制目標の必要条件であり、必要手段である。大統領制制度、つまり政治制度全体は民主制度としてではなく、社会民主制には何の価値もなく、工業民主制には何の信憑性もなく、経済平等というのはあくまで奴隷同士の平等と何ら変わりはない」[1]ということにあたる。つまり協議民主主義は基本的には政治民主主義の中に反映された協議ということになるのである。

一　民主主義の現代ロジックと中国における具現

人類の政治文明の発展史上、民主主義(制度)は一種の政治形態であり、始まりは古代ギリシャに遡り、今日まで二千年余りの歴史を有する。しかしながら近代をむかえ、民主主義が人類共通の価値と理想となったのはここ二百年ほどにすぎない。人類が今日追求している民主主義は、二千年余りの歴史を有する古代ギリシャの歴史に原型の制度を見出し、多くの考え方や教えを学んできたものの、二千年前の古代ギリシャの民主主義に内在するロジックの柱は、二千年後の現代民主制に内在するロジックとは全く異なっている。この点を考慮しなければ、人々は両方の時代の民主主義を区別することもできなかったであろうし、民主主義の表象の構造に惑わされることもなく、一般的表象から民主主義制度の設計に至ったであろう。また、民主主義そ

1　[米]ジョヴァンニ・サルトーリ『民主新論』馮克利、閻克文訳、東方出版社、一九九三年版、一二一頁。

のものに内在するロジックを正確に捉え、把握することもできなかったに違いない。

米国研究者サルトーリいわく、古代の民主主義と現代の民主主義は「同名であっても同系統ではない」のであり、そもそもの根本的な違いはそれぞれが追求する目標と価値が完全に異なる点にある。マルクス主義においては差異が生まれる根本的原因というのは多方面からの解釈が可能であるが、その根本原因は現実の経済と社会発展を決定する人々の解放が密接に関連していることにある。古代ギリシャおよびそれ以降の前資本主義社会では、個人は必ず最初に共同体の一員となる必要があり、個人の所有権は自然に賦与されるものというよりは、自身が身を置く共同体により規定されたものであった。アリストテレスの言葉を借りるなら、人間は生まれつきポリス（政治）的動物であり、必ずや都市国家で生活しなければならない、さもなければ神ではなく、それは悪鬼なのである。このような条件下での社会から誕生した都市国家はその社会のパワーを決定するのだ。都市国家が構成する民主主義には、都市組織という基盤とその管理が必要となる。それは、社会構成員が探求し、自らに内在する要求とは異なる。だが、現代の民主主義は古代政治の論理を基盤に形成されたものとは全くといってよいほど正反対のものである。古代の論理を逆転させるほどのパワーというのは、まさに近代の生産活動がもたらした人々の解放なのである。

現代民主主義による古代民主主義に内在する論理の逆転については、主として国家、そして社会関係の論理の逆転を具現している。つまり古代民主主義というのは国家が社会を出発点に決定し、国家は社会の要求を管理する。現代民主主義というのは国家を出発点に社会が決定する。これは人と社会発展の内在的要求である。このような変化が生じた歴史的起点はやはり近代にある。資本主義が形成され、発展する中で生じた。マルクスはその歴史と理論のロジックを詳細に分析している。マルクスは、現代社会、すなわち資本主義社会の発生は都市の復興、産業革命や新大陸の発見に関わる一方で、社会構成やその運用方式の財産権の変化にも関わっており、そのうち最も核心的な部分として出現したのが「純粋な私有財産制」であると述べている。また、一八四四年に記した『ドイツ・イデオロギー』においては、現代国家というのはまさに現代社会に適応するための産物として出現したものであり、政治的解放というのは、まさに現代社会と現代国家が相互に流動していく中で形成されたと述べている。マルクスに言わせると政治的解放とは、必要な段階であり、その基本的な任務とは人類の従属関係からの離脱、わかりやすく言うならば、封建制度の解体である。マルクスが言うには「政治的解放とは、それと同時に、人々を排斥してきた国家制度すなわち独裁政権に依存していた旧社会体制を解体することを意味するのである。政治的革命というのは市民社会の革命なのである。では旧社会の性質とは一体何なのか。一言でいうならば、それは『封建主義』なのである」。[1] 前述したよ

1 〔米〕ジョヴァンニ・サルトーリ『民主新論』馮克利、闇克文訳、東方出版社、一九九三年版、四四一頁。

うな政治解放の中で資本主義の発展というのはあくまで基礎の部分であり、資産家階級による革命というのは手段であり、国家と市民社会を分離し、人民が政治において独立と平等を獲得することが目的といえる。「政治の解放というのは、一方では人々を市民社会の成員にし、利己的な独立した個人にするという側面をもつ。もう一方では、人は公民と化し、法人と化す」のである。[1] よって社会において産出された物質生活と政治生活というのは分離することができる。この場合の分離というのは「市民社会における階層分離は社会差別となり、政治的意味を持たない個人の生活レベルでの差別ということである」。[2] 人民が最終的に、政治において平等な政治的権力を享有できたとしても、社会の不平等は依然としてなくなることはない。歴史の発展は政治的階層を社会的階層へと変化させる。キリスト教徒が天国では一律平等だとしても、人の世界においては不平等なように、人民は、単独成員として彼らの政治世界での天国では平等なのかもしれないが、社会生活においては平等ではない」。[3] 現代社会での人と社会の独立と、現代国家での政治解放というのは、現代民主制の重要な基礎なのである。

1　［米］ジョヴァンニ・サルトーリ『民主新論』馮克利、閻克文訳、東方出版社、一九九三年版、四四三頁。
2　マルクス『ヘーゲル法哲学批判』、『マルクス・エンゲルス全集』第一巻、人民出版社、二〇〇一年版、三四四頁。
3　同、三四四頁。

米国の著名な政治学者であるロバート・ダールが述べるには、現代民主主義の理念は民主主義の現代社会的な意義が、民主制の様々な要素が人々に抱かせた、暴政を防ぎ、基本的権利、普遍的自由、自主的な意志決定、道徳の自主性、ヒューマニティーの育成、基本的な個人利益の保護、政治における平等、平和の追求、繁栄などの期待に答えることから始まる、と。[1] 理論的にいえばこれらは現代民主主義に内在する価値を決定する一方、現代の西欧民主制の提唱する自由、平等、博愛を意味している。米国学者のコーエンは「自由とは民主主義を実現する条件であり、平等とは民主的合理性の鍵となるものであり、博愛とはいずれの民主主義においても前提として存在している。」[2] と述べ、もう一方においては現代民主主義における基本的原則、人民主権、代議制度、多数決原理、普通選挙、憲法（立憲主義）などの基本的原則を決定するという側面をもつと考えている。現代民主主義はまさに、その価値と原則が相互作用するなかで展開されていくのである。しかし、実践から表現されるように、それが内在的価値でも基本原則でも、絶対ということはない。価値が絶対化に向かえば、原則はその合法性を失うし、同時に原則が絶対化に向かえば、価値というのはあるべき姿を保てず、否定されることすらあり

1 ［米］ロバート・ダール『論民主』林猛、李柏元譯、商務印書館、一九九九年版、五二―五三頁。
2 同、二七八頁。

うる。両者の均衡をいかにして保つかは、民主理論家が研究、討論していくべき永遠のテーマであり、そのような要因で数多く民主制理論や学派が生まれているのだ。いかなる立場や政治的思想を携え、どれほど現代民主制の問題に答えようと努めたとしても、必ず民主制の価値と原則の均衡をとることを基盤に展開されているのである。中国は社会主義国家であり、人民民主主義を実施している。現代民主主義の価値と原則というのは中国において統一された理論と形態に見ることができる。

中国民主主義の現代的論理というのは、人民民主主義に根付いている。人民民主主義制度は中国共産党が建設した新たな社会であり、新国家の根源となる出発点であり、その基本的性質というのは人民が国家の主人公（主体）となることを普及することである。

これらの出発点を基礎とし、中国共産党は新たに建設した新社会、新国家を最も基本的な政治形式とし、人民共和国に定めたのである。一九四九年、毛沢東は『論人民民主専政』（「人民民主主義執権を論ず」）において、「資産家階級の共和国というのは、他国で存在したとしても、中国ではありえない。なぜなら、中国は帝国主義に抑圧された国だからである。唯一の救いとしては、人民共和国の指導者たちが労働者階級をかつて経験しているということである」と述べている。[1]毛沢東は、人民共和国というは、資産階級の民主共和国と異なるだけでなく、ソビ

1　毛沢東『論人民民主専政』、『毛沢東選集』第二巻、人民出版社、一九九一年版、一四七二頁。

エト連邦の実施していたそれとも異なると考えている。中国共産党が、先のような政治選択をした背景には、人々の政治発展の傾向を考慮しただけでなく、中国共産党は中国社会の発展において歴史的使命を担っていると捉え、中国の国情と社会の基本構成をも視野に入れているのである。人民民主制というのは中国共産党を基本とした中国社会の現実的基盤および発展に向けた科学的選択と言える。人民共和国の創立と建設の長期的実践において、人民民主は中国オリジナルともいえる現代政治ロジックを形成したのである。

最初に、人民民主制は中国政治の核心的価値を創造した。人民を主人公とし、党の指導者として据えたのである。人民を主人公とするのは、社会主義民主制の本質であり核心ともいえる。毛沢東はかつて、「人民、人民だけが世界の歴史をつくるパワーを生み出せるのである。」[1]と述べた。人民は本質的に社会を動かし、歴史を発展させていく大衆なのである。当然、人民が主となれば、国家の一切の権力の根源となる人民は、国家の政治生活において主体となることはいうまでもなく、国家機関は人民に奉仕するための本質的特徴となる。毛沢東はこのような人民国家こそが人民を保護でき、人民の国家があってこそ、人民が全国および全体を網羅する規模で民主制を運営していくことが出来ると考えていた。

1 毛沢東『論連合政府』、『毛沢東選集』第三巻、人民出版社、一九九一年版、一〇三一頁。

これらの出発点を基礎とし、中国共産党は新たに建設した新社会、新国家を最も基本的な政治形式とし、人民共和国に定めたのである。一九四九年、毛沢東は『論人民民主専政』（「人民民主主義執権を論ず」）において、「資産家階級の共和国というのは、他国で存在したとしても、中国ではありえない。なぜなら、中国は帝国主義に抑圧された国だからである。唯一の救いとしては、人民共和国の指導者たちが労働者階級をかつて経験しているということである」と述べている。[1] 毛沢東は、人民共和国というは、資産階級の民主共和国と異なるだけでなく、ソビエト連邦の実施していたそれとも異なると考えている。中国共産党が、先のような政治選択をした背景には、人々の政治発展の傾向を考慮しただけでなく、中国共産党は中国社会の発展において歴史的使命を担っていると捉え、中国の国情と社会の基本構成をも視野に入れているのである。人民民主制というのは中国共産党を基本とした中国社会の現実的基盤および発展に向けた科学的選択と言える。人民共和国の創立と建設の長期的実践において、人民民主主義は中国オリジナルともいえる現代政治ロジックを形成したのである。

最初に、人民民主制は中国政治の核心的価値を創造した。人民を主人公とし、党の指導者として据えたのである。人民を主人公とするのは、社会主義民主制の本質であり核心ともいえる。

1　毛沢東『論人民民主専政』、『毛沢東選集』第二巻、人民出版社、一九九一年版、一四七一頁。

毛沢東はかつて、「人民、人民だけが世界の歴史をつくるパワーを生み出せるのである。」[1]と述べた。人民は本質的に社会を動かし、歴史を発展させていく大衆なのである。当然、人民が主となれば、国家の一切の権力の根源となる人民は、国家の政治生活において主体となることはいうまでもなく、国家機関は人民に奉仕するための本質的特徴となる。毛沢東はこのような人民国家こそが人民を保護でき、人民の国家があってこそ、人民が全国および全体を網羅する規模で民主制を運営していくことが出来ると考えていた。

人民の国家として国家機構は強大な人民性を賦与し、人民による軍隊、人民による警察、人民による法廷を組織し、「自国の国防と人民利益の保護」を掲げたのである。[2]ただし、どのような社会も一定の経済関係の基礎の上に成り立っているものであり、どのような社会の一般大衆もその内部には階級が存在し、当然階層差別も存在する。このような差別を決定づける人民内部の構成というのは国家制度や時代によって様々である。中国社会の性質と構成というのは、工業および農業に従事する労働者を人民の主体とし、国家と社会発展のための動力の根源としている。それにより人民民主制全体の運用と実現のためには上記のような動力源に依拠せざる

1　毛沢東『論連合政府』、『毛沢東選集』第三巻、人民出版社、一九九一年版、一〇三一頁。
2　毛沢東『論人民民主専政』、『毛沢東選集』第四巻、人民出版社、一九九一年版、一四七六頁。

をえず、そのうちそれらを牽引する指導者というのは労働者階級の指導者にあたる。指導者の具体的実践というのは、この階級の前衛隊である共産党指導者によって進められる。中国社会では人民を主人公とし基本的価値の原則として下記の三条を包括している。第一条、人民は国家の主人であり、国家の事業管理に参加し、国家は必ず人民の根本的な利益を維持、保持せねばならない。第二条、労働者階級に代表される先進的エネルギーというのは人民を主人公とした指導者のエネルギーをいう。第三条、労働者階級の前衛隊である中国共産党はその指導者を通して作用し、各階級の人民が有する全てのエネルギーを結集し、全体を一つのまとまりとしその権力を行使し、人民民主主義を実践する。つまり中国政治の中で、人民民主主義というのは人民を主人公とし党の指導者を有機的に統一することを基盤としているのである。次に、人民民主主義というのは中国の政治制度体系、つまりは根本的制度と基本的制度を構成している。国家の政治制度体系というのは人民の権利の維持と保障だけでなく、同時に人民の国家事業の基本的手段と機構を管理する。人民主体を実現しようと、中国共産党は人民共和国建設のプロセスにおいて、人民代表大会制度、共産党指導者による多党合作および政治協議制度、民族区域自治制度およびその基層の大衆の自治制度の併せて四大民主制度体系を形成したのである。これらの制度体系は多様な層、様々な経路の開拓によって人民の民主的権利を維持、国家事業の管理に参加し、国家権力制度のプラットフォーム（基盤）を管理運営している。その中で、人民代表大会制度は国家の根本的制度であり、共産党指導者の多党共同合作および政治協議制度というのは国家の基本制度だといえる。この制度体系は中国政治権力の根本的な所在および権力間の基本的結合関係を規格化し、国家政治生活の基本形態を規定しているのである。

結果として、人民民主主義というのは中国政治の組織原則、つまりは民主主義と中央集権化を統一したといえる。政治的側面からみた際、組織原則で規定されるのは権力を使うための基本的ロジックと原則である。どのような変化も全体の政治体系および政治生活に直接的な影響を及ぼす。中国共産党が人民民主主義を出発点とし、民主主義と中央集権化の統一を強調するには国家機構の組織と国家の政治生活の基本原則、その出発点と帰着点はどちらも等しく、人民の意志と人民の利益でなくてはならない。毛沢東は一九三七年、民主主義と中央集権化の統一がもつ中国政治上の意義を次のように明確に述べている。「民主主義と中央集権化の間には越えることのできない深い溝などは無い。中国にとって二者は欠かすことができない。我々が求める政府というのは、真に民意を代表する政府であり、この政府は中国全土の広汎な人民の支持と擁護が必要である。人民は政府を自由に支持でき、政府の政策に対して影響力を有する。これは、民主制の意義といえる。一方、行政権力の集中化というのはそれとは別に必要とされる。人民が要求する政策は民意を代表する機関を通過した後、交付され、選挙を行い、政府が執行したからには、その決定された方針には背いてはならない。その執行は必ずや阻まれることとなく行われなければならない。これこそが中央集権制度の意義といえる。民主主義的中央集権制（以下、民主集中制という。）を取り入れさえすれば、政府の力というのは極めて強大になるのだ」[1]。政治生活および政治運用の組織原則というのは民主と中央集権の統一であると再三述べているが、国家権力体系の組織化と配置を規範化するだけでなく、国家の政治生活の基本形態も規範化しているのである。「民衆（人民）に始まり、民衆（人民）におわる」といわれる政策決定のプロセスにおいては、政治協議、社会協議にみられる協議民主主義も形成される。改革前後の政治生活の差は大きく、この組織原則の健全性を十分に説明するには、国家の政治生活の基本的なあり方というものを直接決定する必要がある。

人民民主主義が創造した中国独特の政治ロジックというのは、中国独特の社会主義政治の発展への道程を決定する際、中国の社会主義的民主政治建設における基本政策となっている。改革開放後三十年余り、中国政治の発展は人民民主主義を実践していく中で、適した形態の戦略部署と発展ルートを形成し、中国政治は民主化する中で、政治が経済や社会発展に効果的に作用するよう保持されてきた。民主化プロセスにおける政治の有効性の保持というのは、政治が発展のプロセスにおいて有効的に民主化を推進していくことである。

1　毛沢東『和英国記者貝特蘭的談話』、『毛沢東選集』第二巻、人民出版社、一九九一年版、三八三頁。

中国の協議民主主義は、まさにこのような政治建設および発展プロセスにおいて効果的に育成され、成長していくものである。

二　救済手段としての西欧の協議民主主義

人は社会的動物であり、社会生活において活動している中で、しばしば自身の利益や興味、感情や共感を契機に、異なる社会組織や集団を結成することで社会全体を多元的なものへと変化させる。これらの組織や集団というのは往々にして一定の利益のために社会参加しており、政府に影響を及ぼす。人の個としての存在と社会が多元的に融合することで、現代社会では不可避の多元的発展というものを構成しているのである。多元的発展は現代民主主義に無尽の動力を提供するといわれる。なぜならそれは必ず利益による表現と、政治参加への要求がもたらされるからだ。だが、このような多元的発展というのは現代民主主義において一つ重要な難題を突きつけている。それはいかなる多元的要求や参加においても、人々の意志を整理統合し、自由という基盤に平等と公正を保障しなければならないということだ。この問題は自由資本主義時代には現出しなかった。当時の民主主義を俯瞰すれば自然と見えてくるが、当時は不平等を前提としていたのである。男性が投票権を有し、女性には与えられない。富裕層は投票権を二票有し、貧困層は一票しかないという時代だった。しかし二十世紀を迎え、特に戦後になると普通選挙が全面的に実施されるに伴い、大衆民主主義が台頭してくるようになると、現代民主主義の平等に対する要求は日を追うごとに強烈になっていった。そのため前のような問題が突如として浮上し、それに向き合うために人々は合理的な民主主義理論および民主主義軽視の解決方法を模索するようになり、共同合作民主主義や、全員一致の民主主義などの新たな民主主義理論や民主主義の実践が生まれるようになった。[1]現代の西欧において、民主主義分野における検討と実践というのはすでにある程度の趨勢が形成されており、協議民主主義はこの分野においては新たな産物であった。その理論研究が流行し始めたのは一九九〇年代である。一九九六年になると、五か月と経たないうちに米国はこれらの研究に関する各種の著書や論文を発表した。代表的なものとしては、ジェームズ・ゴーマンの『Public Deliberation Pluralism, Complexity and Democracy』（公開熟議多元主義、複雑性と民主主義）、C．ニックの『熟議民主主義規定』およびA．グットマン、D．トンプソンによる共著『Democracy and Disagreement』（民主主義と不一致）などが挙げられる。その後、協議民主主義研究は大きく成長する。協議民主主義の問題については、現在に至るまで次の二点の見解に関しては比

1　［米］アーレンド・レイプハルト『民主的模式』（英文）イェール大学出版社、一九九九年版、［米］ジョヴァンニ・サルトーリ『民主晋論』馮克利、閻克文訳、東方出版社、一九九三年版。

較的一致があると言える。その一点目は、協議民主主義は民主政治生活における一分野であり、一形態であり、近年形成されたものではなく、比較的早い時期から存在していたということである。古代ギリシャで民主制が生じてまもなく、協議民主制が生じた。米国研究者のヤン・エルスターは自らが編纂した『協議民主主義』の序論において次のように述べている。

「協議民主主義は概念においても実践においても、民主主義そのものと等しく古く長い歴史を有する。その歴史を辿れば、紀元前五世紀のアテネへと行きつく。さらには、アテネの民主主義の中でも、詭弁と扇動性のある演説に関しては反駁式ディスカッションの根源となったといえる。」[1]

現代民主主義の確立と発展のプロセスにおいて、協議民主主義というのは民主主義発展のための使命ともいうべき目標であったのだ。そのため、今日強調されるところの協議民主主義は、一種の革新であり、復興とは異なるものである。民主主義そのものがすでに存在している現代

1　参考［米］ヤン・エルスター『協商民主』（英文）ケンブリッジ大学出版社、一九八九年版、［米］ジョヴァンニ・サルトーリ『民主晋論』馮克利、閻克文訳、東方出版社、一九九三年版。

協議下においてこそ一層光り輝いているのであり、だからこそ復興というのは以前より存在している協議民主主義に適合しているのである。

二点目は、当時、民主主義のプロセスの討論と協議の抽象というのは一種の民主主義のモデルであり、さらに「熟議民主主義（Deliberative Democracy）」という概念と関連理論というのはユルゲン・ハーバーマスに依ることはっきりしている。英国バーミンガム大学のマリア・アーンズ教授はその著において

「協議民主主義理論の基礎は、ハーバーマスが記したコミュニケーションの合理性に関する著書（一九八四年）に基づいている。ハーバーマスは科学的理性によって社会組織を統治する方法、を模索するだけでなく、国家がその政策の合理性を向上させる方法を模索していた。彼の主張する非科学的な規格化を発展させる思想というのは、異なる形式で知識の相互交流することで、様々な人々が協力関係を構築できる手段を指している」[1]

最も初期において「塾議」という言葉を使用したのはハーバーマスを除き、ジョン・ロール

1　［英］マリア・バーンズ『将分岐帯入協商』（英文）、『政策与政治』、第三十巻、第三期、二三二頁。

ズも用いていたといわれる。[1] しかし、彼等の方向性は大きく異なっていた。ロールズは道徳性を備えた熟議の可能性を模索していたのに対し、ハーバーマスは熟議を、目標として定めるだけでなく、道具とみなしていた。彼等の異なる主張の背景には、共通した一つの核心というものが存在する。つまりは、その政治的選択、合法性はいずれも熟議の産物であり、この種の熟議というのは自由、平等および理性化などを目標に定め、それぞれ展開しているのである。[2] ハーバーマスに言わせれば、彼の熟議民主主義理論とロールズの理論とは大きく異なっているわけだが、彼の理論構築と発展というのはロールズの言うそれと一定の関連性を有しているのだ。この関連性というのは、彼が二〇〇二年中国において民主主義制度における三種類のモデルについて講演した際に、はっきりと語っている。影響力という側面からみれば、ハーバーマスの理論の影響力はもっとも深遠と言い得るだろう。

協議は民主主義の内的要請であり、民主主義の基本的特徴ともいうことができる。現在挙げられる問題点としては、なぜ民主主義が発展してきた二千年あまりの歴史において、一人として協議を、直接民主主義の一種の理論モデルとして強調し、ハーバーマスがたどり着いたよう

---

1 〔米〕メル・クック『協商民主的五種観点』（英文）、『政治研究』、二〇〇〇年、第四八巻、九四七頁。
2 〔米〕ジョン・エルスター『協商民主』（英文）、ケンブリッジ大学出版社、一九九八年版、五頁。

に熟議（協議）民主主義を、創造性を含んだ理論パターンとして主張し、普及させなかったのかということである。その答えは、ハーバーマスのいう熟議民主主義理論の、現代政治の現実という部分に回帰すべきことであろう。この政治の現実は、現代民主主義は自由資本主義の時代には、次々と襲いかかる経済危機や社会危機の脅威を躱《かわ》すことができたが、「後期（晩期・末期）資本主義」に直面すると、新たに生まれた危機により深層まで脅かされることになった。ハーバーマスは一連の危機を概括して、経済システムの経済危機、政治システムの合理性および合法化の危機、さらには社会文化システム（系統）の動機の危機とした。[1] ハーバーマスのいう「熟議民主主義」は大きな枠組みで捉えると政治システムの合理性および合法性に基づき提出されたものといえる。

ハーバーマスの「熟議民主主義」理論は大まかに捉えれば、彼のコミュニケーション理論、公共空間理論および合法性理論にその起源がある。一定の定義からいえば、協議民主主義とはこの三つの理論に内在するロジックが政治理論と実践レベルにおいて具体的に表現する舞台を探し当てさせるものという捉え方もできる。彼のいう熟議民主主義というのは、言語コミュニケーションを向上させていく現代民主主義の必要手段を意味し、この方法を用いることによっ

1　［独］ユルゲン・ハーバーマス『合法化危機』劉北成、曹衛東訳、上海人民出版社、二〇〇〇年、六三頁。

て、公共空間内での目的を維持し、開拓できるだけでなく、政治的合法性の基礎を向上させることも可能となる。前者は市民社会を保障し、後者は現代民主主義と現代国家を維持することになる。しかし、ハーバーマスは、熟議民主主義の最大の意義は、「後期資本主義社会」が直面する合理性リスクと合法化リスクであると述べている。ハーバーマスは、「後期資本主義」が直面する合理性リスクと合法化リスクというのは、戦後国家が強化した行政権力が経済と社会の制御において資本主義リスクを避けることと関連しており、それは国家の行政権力の経済および社会に対する作用の強化がある程度は有効的に資本主義経済の運営そのものに生じる経済危機を取り除くことができるからである。しかしこのように行政の制度化および計画化への干渉により誘発される一連の新たな衝突と問題は逆に「後期資本主義社会」の一連のリスクを引き起こすことになり、中でも政治領域のものは合理性および合法化のリスクがそれにあたることとなるためであると、述べている。

「政治システムは可能な限り大衆に忠誠をもって投入しなくてはならない。すべての権力組織による徹底した行政の決定に伴うリスクは合理性の危機を表している。合法的なシステムにおいては経済システムが制御命令を出し、大衆への忠誠を必要水準で維持しようとすると、以前のリスクが政治システムにおいても継続的に発生してしまう。しかし、それらの表現形式は合理性リスクが一種の転嫁というシステムにおけるリスクであるということではない。つまり、経済リスク同様に合理性リスクが普遍的利益により社会で生じた矛盾によって、制御命令間の矛盾が以前のリスク傾向を国家およびその瓦解からその合法性の対立を取り除くということにある。合法性リスクはある種、直接的にリスクを評価するところがあり、それはシステムの整合性が脅威に晒《さら》されることにより引き起こされる。政府の計画を履行するための各種の任務は政治的意義を失い、公共領域の構成は疑われることになる。そこで、生産手段を確保し、個人が占有する方法が疑問視されるようになる。」[1]

このような二重の政治リスクは、戦後に資本主義国家が経済および社会発展に干渉するという内在的ロジックの中から見いだされてきた。

「国家が生産プロセス（過程）に関与することにより資本実現プロセスそのものの決定要素を変化させる。階級による妥協を基礎の上では、行政システムが限定された計画能力

1　［独］ユルゲン・ハーバーマス『合法化危機』劉北成、曹衛東訳、上海人民出版社、二〇〇〇年版、六四―六五頁。

を獲得する。この計画能力というのは形式的民主主義が獲得した合法性という枠組みでは、受動的なリスク回避に用いられる。上記状況下で、集団的資本主義の利益は、ある一方で個別の資本集団の利益発生の矛盾と競争を維持し、他方で各種大衆集団の価値志向性を普遍的利益発生の競争へ向かわせる。通貨の膨張と公共財政の持続的リスクを本来のリスク循環に取って代えることで、これらを時間上で分散させ、社会的な影響を減少させる。……政府による予算の負担は次第に社会化のために生じる公共の費用となっている。例えば、帝国主義市場政策の費用および非生産型商品のニーズと費用（軍事、航空事業など）、を負担したり、生産に直接関連する基礎的設備費用（交通システムや、科学技術の進歩および職業訓練など）を負担したり、生産と間接的に関連している社会消費費用（住宅建設、交通、医療、教育および社会保障など）を負担したり、社会福祉、失業者手当などを負担している。最終的に、個人の生産により引き起こされる環境悪化の外的費用を負担しており、最後には個人により排出された環境悪化に対する外部費用をも負担する。これらの出費は税収で維持されている。これにより国家機構は同時に二つの任務に直面することとなる。一方では利益と個人収入から必要な税収を集めなくてはいけないということ、そして支配地に税収を合理的に配分せねばならないということだ。こうして経済成長のプロセスにおけるリスクを回避するのだ。一方選択制のある徴税においては、税収の使用は明確な手順および行政の運営そのものにあり、いつ合法的要求が出現しても満足させせることができる。仮に国家が前者の任務を完成することができなかった場合は、行政において合理性が欠如したということなのだ。後者の任務を完成することが出来なかった場合は、合法性が欠如しているということになる。

「公共行政の合理性場面の欠如は、既定条件下で国家組織が充分に経済システムをコントロールするための合法性が欠如していることを意味する。行政手段の維持あるいは必要な合法性の規範的構成というのは資本主義の発展過程の下、政治システムの範囲が経済システムにおいて推進されるばかりでなく、社会文化システムにおける組織の合理性の拡散につれ、文化的伝統は損害と弱体化を受けているということである。文化的伝統そのものは行政のコントロールを受けず、存在し続けることが出来る。なぜなら合法性の重要な意義をもつ各種の文化的伝統を行政手段で再形成するということは不可能であり、また行政の手段を用いて制御しようとすれば文化には副作用が発生してしまうのである。本来、文化的伝統というのはあらかじめ定まっており、政治システムの範囲条件の意義と規範というのは、論争の問題を公開するためにあるのだ。そして意思形成は発言権の範囲を拡大す」[1]

1　［独］ユルゲン・ハーバーマス『合法化危機』劉北成、曽衛東訳、上海人民出版社、二〇〇〇年版、八三―八四頁。

るためにある。このプロセスは政治的意義をもつ公共領域の仕組みを動揺させ、またこのような仕組みは当該システムの継続的な存在にとって非常に重要ある。」[1]

国家権力が経済と社会の制度化に作用と影響を与える環境下では、ハーバーマスの述べたような後期資本主義の一連のリスクの中で、政治的リスクとは経済に影響を及ぼすだけでなく、社会にまで影響を与えるといえる。このような政治的リスクというのは国家権力が経済と社会に干渉することで発生したものであるが、このリスクの克服と除去もやはり国家権力の干渉によって解決される。ハーバーマスは、国家が福祉を削減することで生じる新たな資本主義リスクについて憂慮していた。[2]この二つの困難に対してハーバーマスが探しだしたものが「熟議民主主義」という薬なのである。熟議民主主義が西欧で発生したことはいうまでもないが、西欧の現代民主主義と共に形成された現代政治が直面する合法的リスクと有効性リスクへの挑戦との直接的関連というのは、西欧の現代民主主義のリスクを解決する一種の枠組みであり手段で

---

1 ［独］ユルゲン・ハーバーマス『合法化危機』劉北成、曹衛東訳、上海人民出版社、二〇〇〇年版、六六頁。
2 ［独］ユルゲン・ハーバーマス『超越民族国家』、参照［独］ユー・ベック等訳『全球化与政治』王学東等訳、中央編訳出版社、一九九九年版、二七五―二七六頁。

あるといえる。現在の欧米国家の協議民主主義に対する探求は、実施可能であり、現実に相応する実践空間とモデルの実証可能な民主主義モデルをメインとしている。総括すれば、協議民主主義の西欧での実践に関連する研究と理論は、一種の西欧社会を民主モデルの背景に、以下の基本的特徴を含んでいることになる。

第一に、熟議民主主義いうのは多元的社会の内在的要求なのである。社会の多元化と多様化というのは、現代の社会発展における基本的傾向といえる。そのため、多元化もまた現代民主主義の基本的前提といえる。だが、現代国家の枠組みの下では、多元化というのは必ず解決せねばならない基本的問題であることも意味している。それは、多元的かつ多様な社会の中で、いかにして公共の意識を形成するかということである。伝統的採決、権力の委託、さらには代議制などが解決の方法と言われているが、これらの方法は公共的意思そのものの形成を重視しており、異なる意見や信仰、異なる生活方法のうちでの公共の意思形成において、実際の価値と作用を必ずしも重視しているわけではない。前述したような軽視というのは、民主主義制度の危機を招くだけでなく、社会そのものの分岐と衝突の激化をも招く。しかし、社会に一つでも自由交流と協議の公共空間を提供したならば、多元的要求や多様化した価値要素はこの空間で、交流し集合させれば公共意思を形成でき、そうなれば民主主義制度にあっても社会そのものにあっても、協議については支持を得ることができる。国家レベルであっても、社会レベルであっても、多元化あるいは多様化の整合あるいは一体化は共存し、有機的に統一できるのである。エイミー・グッドマンとデニス・トンプソンは、手続的民主主義者および立憲民主主義者という公認された規則とかは基本的道徳をベースにすれば、民主主義は重要な道徳の衝突と分岐を削除または解決することができると考えているが、実際にはそうではない。協議民主主義はこのような分岐と衝突は理論の中心に据え置かれているのである。[1]

第二に、協議民主主義は主として政策決定のプロセスにおいて存在し得る。南アフリカの研究者マウリツィオ・パセリン・ドエントレブス（Maurizio Passerin d'Entreves）は協議民主主義を以下のように概括している。

「協議民主主義の観念というのは、民主的自治を確保するための最良のルートを模索するという長く激しい歴史的論争の中で出現したのである。」[2]

1　〔米〕エイミー・グッドマン・デニス・トンプソン『民主主義と分岐』（英文）、参照、ステファン・マセード編『協議民主主義』オックスフォード大学出版社、二〇〇六年版、二頁。

2　〔南アフリカ〕マウリツィオ・パセリン・ドエントレブス『作為公共協商民主―新視角』王英律等訳、中央編訳出版社、二〇〇六年版、二頁。

この概括の分かり易い点は、協議民主主義の実際の機能は民主主義的自治を保障することであり、民主主義的自治の核心的問題というのは、いかにして民主主義を形成し、公正に政策を決定するかを明らかにしている部分である。ジョン・エルスターは協議民主主義を自由で平等な公民間の討論のもとで進められる政策策定と捉えることができると述べている。[1]ジェームス・バーマンは、協議民主主義において、公民が共同熟議（「公共協商」）によって形成する各種集団によって行われる政策決定があると考えている。このような協議を行う場合は、公民は各自の観念や信仰を明確に示し、相互に討論や批評を進めなくてはならない。[2]なぜなら、協議民主主義は主として政策決定のプロセスにおいて存在するものであり、公民にだけ参加および政策決定の合意の場があるということは、協議民主主義としては問題なのである。

第三に、協議民主主義は平等な対話コミュニケーションを基礎としている。対話とコミュニケーションというのは、協議民主主義において重要なツールであり、シカゴ大学教授のマリオン・ヤンは協議民主主義の特徴を下記のように述べている。「協議民主主義というのは異なる

1　［米］ジョン・エルスター『協商民主』（英文）ケンブリッジ大学出版社、一九九八年版、五―八頁。
2　［米］ジェームス・バーマン『公共協商―多元主義、複雑性与民主』（英文）マサチューセッツ工科大学、二〇〇〇年版、一五頁。

民主政治の中で、その他のいくつかの見解と方法となり、それは参加者に自身の利益に目を向けさせるだけでなく、他者の意見に耳を傾け、他者の利益について考えることを後押しすることで、公正な調和へと到達させる。」[1]エイミー・グッドマンとデニス・トンプソンの二教授はとくに下記の点を強調している。「協議民主主義の結果というのは双方において制約力を有する」。よって、協議民主主義の重要な精神として「公民は必ず合理性のある政治理念を追求する必要がある」。

「私は他の人が受け入れている原則に従って私の希望と要求を表現する。」同じように、他の人は「私の受け入れている原則を用いて、彼らの希望や要求を表現する。」のであるといえる。[2]学者というのは彼らの協議民主主義理論の核心を相互利益と考えているのだ。[3]

第四の特徴は、協議民主主義は理性、公正性および合法性を追求するということである。ハーバーマスは、政治政策の決定は共通認識および正直という問題だけでなく、公正という問題も

---

1 [米] マリオン・ヤン『対協議民主主義的積極挑戦』、『政治理論』(英文) 第二九巻、第五期、二〇〇一年十月、六七二頁。
2 [米] エイミー・グッドマン・デニス・トンプソン『民主与分岐』(英文ハーバード大学出版社、一九九六年版、五二—五五頁。
3 [米] ステファン・マセード編『協議民主主義』(英文) オックスフォード大学出版社、一九九六年版、七頁。

含んでいると指摘している。公正性と合法性は熟議政治において最たる基本的価値の追求であり、またこの価値の基本的前提は、熟議そのものが理性のプロセスを必要とすることである。オックスフォード大学のデビッド・ミラー（David Miller）教授は、協議民主主義理論に拠れば、理想的な協議民主主義の達成には、少なくとも下記の三つの前提条件が必要とされる。「その一、包容性。すなわち政治社会において人々がそれぞれ問題とする政策決定において平等な地位をもって参加する。その二、理性。すなわち決定への到達というのは協議プロセスにより生じる理性により決定し、一致しない状況下では、解決分岐という手順により決定される。その三、合法性。すなわち彼または彼女個人は心から喜んで論争に対する観点や意見を述べることはないが、各参加者は、如何にして結果に至り、なぜそのような結果になったのかを知ることが出来る。」[1]

協議民主主義の実践と研究において、上述した協議民主主義のいくつかの特徴に関しては、少なくない研究者が様々な意見を述べており、疑問の声も聞こえてくるほどであるが、たとえどのように言われようとも、ある種の民主主義のモデルとして、または一種の民主主義運動の

1　［南アフリカ］マウリツィオ・パセリン・ドエントレブス他編『作為公共協商的民主―新視角』王英津等訳、中央編訳出版社、二〇〇六年版、一四〇頁。

ツールとしては協議民主主義に内在する精神と民主的精神は一致している。そのため、その適用範囲と実際の意義がどの程度の範囲だとしても、このような理論あるいはモデルの提出というのは、民主主義理論の実践と発展については積極的な意義を有しているし、ある程度は、民主主義建設のための新たなルートを開拓することとなるのだ。

三　人民民主主義の本質的要求としての中国的協議民主主義

協議は中国の民主主義成長の内生的要素であり、その使命の始まりは、二十世紀一九八〇年代末に起こった協議民主主義理論で注目されていた協議民主主義との相違にあった。前者は、民主主義の使用が適合し、中国社会に根付いたことにより発生したものであり、後者は現代の西欧の民主主義を救済するためのもので、「民主主義を用いて更なる民主主義へ」[1]ということを発端に起こった。つまり、協議が中国に対してもつ具体的な意義とは、民主主義の発展に留まらず、中国国情の民主主義の政治形態を発展させ、完全に適合させることにあったといえる。このことは中国政治の背景下、協議民主主義を発展させることが、協議民主主義そのものを発

1 ［米］ジェームス・ベルマン、ウィリアム・レッジ『協商民主―論理性与政治』陳家剛等訳、中央編訳出版社、二〇〇六年版、中文版序言、三―四頁。

展させるためだけでなく、中国特有の民主主義の政治形態を発展させ完全なものにするためであること決定づけることになった。

千年の帝（君主）制が終わりを告げ、現代の民主共和制が始まったことは、近代中国政治発展においては必然的選択であったといえる。中国が共和制へ足を踏み入れたのは、内憂外患、さらには民族と文明が陥る巨大な危機を起源としている。それは国家や民族を救い、生存を図り、民族と国家を復興させるための政治的選択であった。その歴史的必然性は、西欧の産業革命と資本家階級（ブルジョア）革命の後に始まった人類の現代化のプロセスからくるものである。中国は、近代化される潮流の中を席巻して現代までやってきて、共和制の道を飛び越えたといってしまってよいだろう。つまり、中国にとって近代化は内源からとは異なる。民主共和制も内源からではなく、どれも危機の中での選択なのである。選択というからには選び出されたのである。民主共和制というのは、立憲君主制との対比の中で選びだされたものであり、中国共産党は資本家階級の民主共和制とソ連式の民主共和制を比較した後に、「いくつかの革命階級による連合執権（専制・独裁）」という基本的特徴をもってして共和体制が選び出されたのである。毛沢東はこのような選択をした理由を下記のように詳細に述べている。

「全世界に多種多様な国家体制がある中、その政治権力の階級性の質から分類するなら、基本的にこの三種に他ならない。（甲）資本家階級執権の共和国、（乙）労働者階級執権の共和国、（丙）いくつかの革命階級による連合執権の共和国である。」

「中国の労働者階級、農民、知識人やその他の資本家階級は、国家の運命を決定する最も基本的な勢力といえる。すでに自覚し、また自覚しつつある中で発生しており、彼らは必然的に中華民主共和国の国家構成および政治権力構成上の最も基本的な部分であり、労働者階級は指導者の力量によるものである。現在設立されている中華民主共和国というのは労働者階級の指導下においてのみ、反帝国、反封建の人々による連合執権の民主共和国として存在しており、これはまさに新民主主義の共和国といえる。

この新民主主義共和国というのは、一方では旧式、欧米式、資本家階級による執権（独裁）政治、資本主義の共和国とは区別された。それらは旧民主主義的共和国であり、そのような共和国はすでに時代遅れといってよいだろう。他方ではソ連式や、労働者階級による執権、社会主義の共和国とは区別された。上記のような社会主義共和国はかつてソ連が誕生した際に生じたものであり、さらには資本主義国家が建国されたことにより、すべての工業先進国の国家構成と政権構成の統治形式は疑う余地のない統治形式となったのである。しかし、そのような共和国というのは、歴史上、ある程度植民地や、半植民地の国家革命には適合しなかった。それゆえ、すべての植民地と半植民地国家による革命というのは、歴史的な時代の中で、選択された国家の在り方なのである。第三の形式が、いわゆる新民主主義共和国なのである。これは歴史が生み出した形式であり、過渡的なものであるものの、変更することはできない。」[1]

これこそまさに共和政治は中国で最終的に確立されることとなった歴史的ロジックであり、理論的ロジックといえる。背後には、中国が共和へと歩みを進めることになったのは歴史的必然であり、どのような形式の共和なのかということは、かえって中国社会発展の状況にしっかりと依拠しているのである。

中国の社会構成と階級状況は、中国が資本家階級を主導とした資本家階級による民主共和を選ぶことができないだけでなく、ソ連式の労働者階級による専制政治を直接的志向として民主共和を選択することもできないことを決定づけた。資本家階級であろうと、労働者階級であろうと、中国では主導的階級にはなることは不可能なためである。このような社会構成のもと、歴史発展の必然性に順応することで、中国は労働者階級を指導者のエネルギーに、多階級による連合的民主共和国を建国するほかなかったのである。

1　毛沢東『新民主主義論』、『毛沢東選集』第二巻、人民出版社、一九九一年版、六七四―六七五頁。

実際、毛沢東は階級連合による権力を奪取する革命に勝利し、労働者が統治する国家思想と主張を打ち立てた。このことは、『新民主主義論』を発表前に、すでには明確に述べている。前後して、「革命的民衆の共同合作の統治国家」および「各革命的階級の連合統治」による国家の建設について述べている。[1] これらの主張の精神的本質とその『新民主主義論』における主張は一致している。新中国が成立する直前、中国共産党結党二十八周年を記念し、毛沢東は『論人民民主専政』（人民民主主義執権を論ず）を発表し、革命的階級による連合（統治）執権を「人民民主執権」というように概括した。文中で、彼は明確に、中国政治の「唯一の道は、まさに労働者階級を指導者とした人民共和国」であると幾度となく述べている。この「人民」というのは、「中国の現在の段階においては、労働者階級であり、農民階級であり、都市の小資産家階級であり民主資本家階級なのである」。それらを形成している「人民民主主義執権の基礎というのは労働者階級、農民階級、都市の小資本家階級連盟であり、そのうち主要なものとしては労働者および農民による連盟なのである。」それと同時に、「人民民主執権には労働者階級の指導が必要とされる」。[2]

1　範小方主編『中国共産党政治思想史』中国財政経済出版社、二〇〇四年版、七八―七九頁。
2　毛沢東『論人民民主専制』、『毛沢東選集』第四巻、人民出版社、一九九一年版、一四七一頁、一四七五―

毛沢東は一貫して革命的階級の連合による共和思想を貫き、彼が率いる中国共産党を政治行動の原則としたのである。すなわち、党の指導者と党の結成段階において、中国共産党が終始統一戦線を維持することを、毛沢東は、中国共産党が革命に勝利する三つの切り札のうちの一つとして捉えていた。国家建設段階において、中国共産党は終始指導者と各階級の力の結集、民主的協議制、共和国建国を固持していた。このような政治行動の原則に基づき、中国共産党は数多くの国共合作に努め、陝甘寧（陝西省・甘粛省・寧夏回族自治区）地域において「三三制」制度を打ち出し、実践した。また、共産党指導者らは各党派、各社会的勢力を民主団結させ、共同の協議方法を用いて、新中国を建国したのである。中国共産党が政権を掌握してからは、指導者による多党合作および政治協議（「政治協商」）制度を設立し、中国の基本的政治制度と定め、人民代表大会制度と共同実践という形で中国の人民民主主義を根本的政治制度と定めた。

　このことから分かるように、共産党指導下における多階級の団結と連合は中国共和政治の社会基礎と構成形式であるといえる。その二大特徴は、その一つが共産党の指導、二つ目は各階級、各社会勢力の広範における団結と連合なのである。上記の構成の特徴に基づき、共和政治

一四七九頁。

を効果的に展開するには、民主的形式を用いて二つの基本的問題を解決する必要がある。その問題の一つが共産党指導の正確性を保障すること、二つ目は各階級、各社会勢力を共産党の指導下において団結させることである。中国共産党はこれをもとに二種の民主形式を打ち出した。一つは異なる地域の民衆がその代表を通じ、異なるレベルで国家政治生活の民主主義の（制度）形式に参加する、すなわち人民代表大会制度である。二つ目は異なる区域の人々がその機能である代表組織、またはその代表は国家政治生活の民主形式に参加する、すなわち「人民政治協商会議」制度である。前者は国家が政策を策定するための制度であり、後者は社会参政議会（政治に参加し、国の重要問題について討議する）制度である。両制度の性質は異なるが、それらが含む論点の起点というのは等しい。いうなれば、党の指導と多階級連合の有機的統一である。一九四九年九月、周恩来が新中国の建設計画に係る『共同綱領』の特徴を述べた際、この論点の始まりについて述べている。

「新民主主義の政権制度は民主集中制の人民代表大会制度であり、それは旧民主主義の議会制度とは完全に異なり、社会主義のソ連に代表されるような代表大会会制度の類型に属する。ただ、ソ連制度と全く等しいというわけではない。ソ連は既に階級は消滅しており、我々は各革命的階級の連盟に則っている。我々のこの特徴は、現在の中国人民政協会議の形式において表現される。政府の各部門と現在の各地域の人民代表会議および将来的な人民代表大会も等しくこの特徴で表される。人民の選挙で代表される人民代表大会の招集、人民政府の選挙は、人民政府の代表大会の閉会までの間に国家政権を直接行使し担い、この全プロセスを進める。いずれも国家政権を行使した民主集中のプロセスであり、国家政権を行使し担う機関は各級の人民代表大会であり、各級の人民政府なのである。」[1]

このようなロジックを起点とすると、基本的政治制度であろうと、根本的政治制度であろうと、いずれもみな深く協議の原則を含んでいる。基本的政治制度の面から述べれば、毛沢東は「人民代表大会（以下、人大という）は権力機構であり、人大があるからといって、我々が成立させた政協（「人民政治協商会議」）による政治的協議を妨げることはできない。各党派、各民族、各団体の指導的人物は共に新中国について協議することは非常に重要なことである。憲法草案はまさに、協議・討論することでより完全なものになる。人大の代表制というのは当然大きいが、しかしすべての方面を網羅しているとはいえず、政協は依然として必要である。」と明確

1　周恩来『人民政協共同綱領的特点』、『周恩来統一戦線文選』人民出版社、一九八四年版、一四七―一四八頁。

に指摘している。[1] 協議は、党派の共同合作、人民政協の存在形式と基本機能である。根本的政治制度から述べると、党は効果的に国家を運営する根本的制度の実現であり、民衆や社会的指導者に対してのものである。それゆえ毛沢東は、人民代表会議はまさに政権工作を大衆路線に向け進める最たる重要形式であり、大衆の監督である行政の上級指導者らの基本的方法で、基本形式である。[2] 中国の人民代表制度建設に重要な貢献をした彭真に由来する「大衆の中から大衆の中へ」という大衆路線により定められる中国立法事業の基本的ステップを踏まなくてはならない。[3] 毛沢東は一九八五年、全国省級人大常任委員会の責任者として立法事業の談話で下記

1　毛沢東『関于政協的性質和任務談話提綱』、『建国以来毛沢東文稿』第四巻、中央文献出版社、一九九〇年版、六三三頁。
2　彭真『彭真文選』人民出版社、一九九一年版、一二二一―一二二三頁から引用。
3　このような大衆路線について、毛沢東は認識論の見地から「凡そ、正しい指導者というのは必ず大衆の中から現れ、大衆の中へと向かう。このことは大衆の意見（分散している系統性のない意見）を集め（系統的な意見に集約することを通じて）、また大衆にむけ解放化を宣伝することを大衆の意見とし、大衆に堅持させ、行動に反映し、大衆の行動を考察しこれらの意見が正しいかどうかを判断するのである。さらに、大衆をまとめることで、堅持し続けるのである。上記のような無限の循環により、回数を重ね、より正しく、より生き生きとした、より豊かなものへとするのである。これはまさにマルクス主義的認識論なのである。」参考　毛沢東『関

のように指摘している。

　すなわち「経験は新たな重大な問題、重要な改革、法律の制定、これまでの大衆性に対し模索し、試してみることで社会的実践が検証の段階にあることを証明している。」

「これらを基盤に、各種モデル、各種経験を比較研究し、全体の利害を秤《はかり》にかけてはじめて、法律は制定出来るのである。これが一般的経験であり、法則なのである。我々は自ら進んでこの方面の経験を掌握し運用する必要がある。」「中国ではこのような古い言い伝えがある。知謀に富み的確に判断するには、広く人々の考えを集め有益な意見を吸収しなさい。我々が大衆路線を行くならば、大衆路線は我々の一切の事業の根本的路線となる」「多謀というのは少人数の考えではなく、皆の考えである。また、少人数による的確な判断ということではなく、皆の判断である。人大常任委員会は集団で権力を行使し、多数の人々の正しい意見を集め、集団で問題を決定する。根本的な原則はやはり民主集中制である。このような問題の決定は実際には比較的適合するのである。我々は必ずやこの民主的制度

于領導方法的若干問題』、『毛沢東選集』第三巻、人民出版社、一九九一年版、九〇〇頁。

を保持する必要がある。」[1]

このようなことから、大衆路線で、協議は必然的に我が国の人民代表大会制度を運営する基本的形式であることが推察される。

これまで述べてきたことを総合的に分析すると、我々は容易に下記の結論にたどり着く。民主共和制は外来のものであるが、階級連合を基盤とすれば、人民民主共和制は自主的な政治選択であり、協議は当該の形式の人民共和制の政治に内在、内生している。それゆえ、協議が内在、内生する民主主義という観点から、人民民主主義が中国において基礎的かつ基本的な表現形式であると言うことができる。

1　彭真『関于立法工作（立法作業に関して）』『彭真文選』人民出版社、一九九一年版、五〇七―五〇八頁。

第二章　協議民主主義と中国的政治建設

中国社会において協議資源の現実化というのは、民衆の秩序的参加、利益の多元的疎通、党派の団結による共同合作、政治協議的な民主主義的協議、加えて政党の集団的事業といえる。現実の経済社会の発展は協議資源の開発を求めており、このことから協議政治の発育、成長には政治文明の合理性および中国発展の現実性を備えた中国の民主政治が賦与することになるだろう。これは協議政治を表す中国の特色ある社会主義的民主政治を意味し、協議を政治生活において普遍的かつ綿密に具現していると同時に、中国民主政治が価値、制度、組織および段階で独自性を具現している。また中国独特の社会主義的民主政治の形態を発展させていることを意味している。

民主というのは現代化への発展による副産物である。現代化への発展には必ず民主化が伴うが、民主化は必ずしも進化した現代化への発展をもたらすわけではない。不当な民主化は往々にして政治発展の危機を招き、それを発端に現代化発展を阻む方向へと進んでしまうからである。中国の政治形態の転換は市場経済の発展を基礎とした社会主義が現代化への発展をしたことにより必然的にもたらされた。転換後の政治発展は経済と社会との適合を変化させただけでなく、経済と社会の持続的発展を保障したのである。よって、合理的な政治建設と発展の道を選択することは、中国政治発展の安定性と持続可能性に関係するばかりでなく、中国の経済と社会発展の安定性と持続可能性にも関係しているのである。このような角度から捉えると、中国共産党第十八回全国代表大会（以下、中共十八大という。）において提出された健全なる社会主義協議民主主義制度の戦略的任務というのは、中国発展に伴う全体的かつ長期的な戦略的意義に対して中国の民主主義発展の前途を決定づけると共に、中国の現代化への発展の前途を決定するものである。人類社会と政治発展の膨大な経験は以下のことを示している。合理的な政治選択は、時間をかければ、一つの成功した社会革命に遅れをとるものではない。また合理的な政治選択を効果的な政治発展へと転換させるためには、理論的、実践的科学において、上記のような政治選択の背後にある戦略的資源が効果的に発揮されなければならない。今日の中国の政治発展からすれば、協議民主主義に含まれる戦略的資源を科学的に把握することは、中国の政治発展を推進させ、中国の政治形態がもつ正しいエネルギーを最適化させることになる。

一　中国協議民主主義の基本的特徴

協議民主主義は多元的政治への参加を基礎にしており、公平で、秩序ある協議を通じて、秩序ある公共生活の民主的政治形式を生み出している。その政治的基礎は人民民主主義であり、その運営基礎は協議民主主義にある。協議民主主義は一種の協議を通じた利益と秩序的生活を達成することであり、それは政治生活の中にあり、経済生活と各分野の社会生活の中でも存在出来る。中国の政治生活における政治協議というのは協議民主主義の一種の形式である。中国政治建設の発展というのは協議民主主義の一種の形式である。中国の政治建設が協議民主主義制度へと発展し、一方では政治協議が政治生活で作用し、十分に発揮することができるが、もう一方では協議の精神と原則は中国民主政治の生活の基礎となっていることから、政治協議制度の基盤があってはじめて社会協議と公民協議は発展し、人民を主人公とすべく、より豊かな制度資源と政治空間を提供できるのである。よって、中国の政治生活において、協議民主主義の本質には、人民民主義を通じた民主協議方法によって得られた有効な運営と実現性のある政治の方式といえる。それは人民民主主義の本質的な規定のみならず、協議民主主義形式の規定も含んでいる。以上のことから、協議民主主義は中国の発展にとって以下のような基本的な特徴をもつといえる。

㈠　主義を一種の普遍的生活方式へ

一種の行動的価値として、協議は実際に民主主義が社会統治に作用することを全面的に肯定しており、同時に民主主義の効果的実現に合理的なルートを提供している。もう一方で、協議は全面的に民主的プロセス（過程）における参加者の平等権および意見表明の自由を肯定している。協議は表面的には民主主義の競争性（実際には、協議は民主的な競争性を否定しているわけではないが、後半で具体的な分析を行う）を弱めるが、しかし本質的には民主主義の普遍性を削いでしまうわけでなく、逆に民主主義の普遍性を強化させている。これは協議が備えている汎用性と密接に関連している。協議を政治生活の基本ロジックとする政治形態の中では、民主主義は容易に普遍的生活方式となり得る。民主主義のこのような発展傾向は中国のような民主主義的伝統がそれほど強くない国家にとっては、重要な現実的意義を有する。民主主義の中国における成長にはより広範に、深い社会基盤があるからである。孫中山（孫文）先生は、中国の民主政治の建設を構想した際、民主主義の社会基盤を極めて強調し、このことは、孫先生がすべての人々に民主の基本規則を把握させようとするにとどまらず、実際の空間における地方自治を通じた民主主義の実践と発展を試みたためである。[1]

1　参照、孫中山『建国方略』、『孫中山選集』人民出版社、一九五六年版。

㈡　参加は社会を整理統合するための重要な動力である。

協議そのものは一種の参加である。協議が政治生活の基本ロジックであるという条件下で、協議は人々に広大な参加空間と機会を与えると同時に、人々に参加を通じた自らの意見表明を要求し、自身の利益と要求の維持を図る。上記のように、参加もまた人々の社会生活の本質的要求なのである。参加は協議を推進し、また協議がもつ協調と団結の機能は、多元的主体の参与プロセスにおける効果的な整合を促す。このような政治プロセスは、協議政治の条件下では、参加が多元社会の整合にとって重要な動力なることを決定づけているのである。

当然、この動力は積極的な整合効果を生む。大きな枠組みにおいては協議政治そのものが、その構成および機能によりどの程度完全になるかを左右する。この角度から捉えるに、協議政治を制度化する要求は、低くなっているわけはなく、むしろ高くなっているといえる。ここで明らかにしておきたいのは、民主主義政治の条件下において、協議とは厳格に段階化された政治プロセスであり、すべての調整とはこのプロセスの中において展開せねばならず、そうでなければ協議と裏取引とは大差がほとんどなくなってしまう。

㈢　権力運用傾向の軟化

協議政治の条件下で、権力の運用行使は必然的に軟化する傾向にある。それは、協議は権力の作用を意味し、協議での共同協議のプロセスを通過して初めて合法性と有効性を備えることができ、直接的に権力の意思として依拠でき、合法的支持を獲得できるからである。具体的に、協議政治の条件下で、権力の運用にはまず制度と段階を通過したエネルギー（動力）の作用が必要となる。そのつぎに制度と段階において、権力の運用もまた必ず協議のプロセスを通過しなければならない。なぜなら、多元的利益の条件下では政治プロセス（過程）が干渉を受ける節目（「環節」）があり、そこではすべて、それぞれの利益要求があり、異なる利益を代表することすらあるからだ。権力はこのような政治プロセスで目的に到達するには、協議による調整と異なる利益要求を整理統合し、最大限度満足できる異なる利益要求という政治的生産品を形成しなくてはならない。実際、権力軟化現象は中国ですでに出現しており、公聴会制度の運営がどのようなものであったとしても、該当する制度の運営にはいくらかの権力軟化の効果が現れている。

(四)　社会統治は多元的共同合作の統治である

協議政治は、党、国家および社会のエネルギー（力）を共同で発展させる。そのうち社会エネルギーの増長および社会の自主的地位の向上は、党が国家統治の社会プロセスを通じて、一方方向から、双方向の相互作用プロセスへの、すなわち国家統治の社会プロセスにおいて、社会そのものの制御体系（コントロールシステム）と自治エネルギーにとって重要な発生作用といえる。社会の自治能力の向上は協議政治の発展の前提であり、必然的結果である。政府は社会を生み出し、社会を統治することは、根本的な意義から考えれば、それは社会的要求といえる。社会が自ら決定できず、権力運用行使に対して無力な場合、政府は社会の一方方向的作用を無限に増幅させる。しかし、現代化の発展は、人類が自然を制御する能力を引き上げるだけでなく、さらに社会の自主能力を大きく引き上げ、中でも非政府組織と非政府管理（部門）の急速な発展として反映してくる。この発展は政府の社会統治が伝統的な政治統治社会の「統治」の範疇を突破し、政府と社会的共同合作統治という新しい「統治」の範疇を形成させる。[1] 新たな政府と社会の関係は協議政府に現実の土台を提供すると同時に、協議政治もまたこのような政府と社会の関係の発展に合理的なルートと形式を提供もしているのである。中国の現代化の発展はそのスタート自体はやや遅かったが、その発展は速く、中国の現代化の発展を加速させたのは、二十世紀後半の発展が比較的成熟してきたことが背景にあった。社会が開放的な社会主義的な市場経済体制のもとで急速に発展すると、次第に自発性のある要求と能力が形成されるようになったからなのである。もう一つには、中国は超巨大規模の社会であり、資源は有限であることから急速な発展をしている過程にある中、政府は単一のエネルギーだけでは社会発展の全プロセスと、各方面の要求を全面的に網羅するのは不可能であることから、そこで社会

1　俞可平『治理与善治』中国社会科学文献出版社、二〇〇〇年版、一―一五頁。

のエネルギーの支持と援助が必要となったのである。この政府と社会の両方面の現実的な対応状況から、中国は協議政治の条件下で共同合作の統治を発展させ、同統治に極めて強い現実的意義を齎《もたら》したのである。

㈤　末端組織の自治は民主主義の発展にとって重要な目標である。

社会的領域において、協議そのものは自治の中にある。当時、社会構成員の間で遭遇した問題が、共通認識の仕組みと規則的協議で解決できていたうちは、公権力は直接的に作用していたが、次第に間接的に作用するようになった。公権力の面から自治について述べると、その干渉範囲は狭くなったもの、公権力そのものの能力は強化された。それは有限資源をより広い範囲でコントロールできるためである。中国の改革開放以来、村民による自治と都市市民による自治はそれぞれ発展し、人々に改めてその末端組織の自治を向上させるため、政府の公共の統治能力の価値と意義について改めて認識させることとなった。ただ、総体的に言えば、中国末端組織の自治空間は限定的なものであり、末端の集団自治というのは実際のところ、政権体制外の末端組織の自治に振り分けられる。区や県以下の人民代表の直接選挙は、末端組織にある程度の可能性を提供するものの、このような直接選挙は選挙そのものとしての価値はあるが、公権力について意義ある決定権はないために直接選挙が齎《もたら》す可能性としては地方の末端政府の自治に対して実質的な意義を産むことはない。協議政治の発展に内在する要求からみれば、中国の政治発展というのは必ず適当な時期に、このような局面を迎えるだろう。たとえ自治が政権制度体系の外から末端部分へと派生したとしても、それにより協議政治の発展のために必要な政治空間と政治的資源を提供することとなる。協議が形成する共同合作による公共統治の角度から捉えれば、党と国家はこの空間と社会を明け渡すだろうが、党と国家の社会の統治と整合を強化するにとどまらず、さらに全体的に中国の民主政治を建設するための質を向上させるだろう。[1]そのため、協議政治発展だけでなく、末端組織の自治も民主主義的発展にとって重要な目標といえる。

㈥　政治構成は縦構成から横構成へと発展する

米国研究者のサルトーリは、政治というのは縦方向の性質と横方向の性質をもつと考えていた。縦方向の性質は、権力、統治、命令、強制、政府、国家に具現しており、横方向の性質は世論や参加、選挙、公民による表決に具現しているとされた。[2]協議というのは横方向の性質の政治の範疇にあるべきであることは言うまでもない。このような区分けというのは比較的分かりやすく政治的枠組み内の各要素に相互作用をさせる傾向にある。このモデルで中国の政治的

1　参照　林尚立、『社区治理与民主―案例研究』、中国社会科学文献出版社、二〇〇三年版。

2　［米］ジョバンニ・サルトーリ『民主新論』、馮克利、閻克文訳、東方出版社、一九九三年版、一三四―一三五頁。

枠組みを分析すると、人々は伝統的政治形態の中の政治的枠組みが実際には一方向の縦方向の構成であることを目の当たりにすることとなる。すなわち権力と組織がすべての政治要素を党の指導体系と組織体系に統合しているといえる。ただ、転換後の政治形態に関しては、協議の政治ロジックが作用している中で、参加、自治、協議および共同合作などの政治における横の要素が留まることなく増長し続け、これは必然的に中国の政治的枠組を一方向の縦方向から横方向へと発展させただけでなく、協議が共同合作での共同統治を形成している大きな潮流のもとでは、横方向への政治構成の変化の最大の意義は、中国政治が拘束性のない全能政治から拘束性のある有限政治へと発展させることと考えられた。横方向の性質の政治発展とは、政治の枠組みの中で形成される拘束力が重要な資源であり、よって協議政治の発展の育成と推進は、政治的枠組みにおける横方向の政治といえる。

㈦　公正というのは政治プロセスを追求する基本的価値である

協議の前提は平等である。平等の主たる利益は協議を通じて政治的産物の生産過程を完成させることであり、平等の前提は先の政治プロセスの最終的な公正を追求していくことである。協議が、民主政治の形式を受け入れられるのは、公正なる政治的産物を生み出せるからである。公正そのものは、主たる利益の要求を満足させるわけではなく、政治プロセスにおける各参加と主体が共通認識として持っている秩序と規則を共に遵守し、すべての主たる利益の要求を十分に尊重し考慮している。西欧の学者は、ハーバーマスが提案したそのような熟議民主主義が実践している革新的な目的の一つを人々の共同参加により決定された公正と正義であると考えている。[1]本書が述べる協議政治とハーバーマスのそれとは完全に一致するわけではないが、この方面の価値追求に限っては一致しているといえる。公正の本質からみれば、各協議主体にとっての公正であることの鍵は、利益実現の程度の問題にあるのではなく、協議の結果をどの程度受け入れることができるかの程度の問題なのだ。協議結果を受け入れるとは、協議の結果そのものを受け入れるか否かに留まらず、協議価値のプロセスを受け入れるか否かにも関わってくる。それゆえ協議の結果を受け入れる前に、人々は必ず協議それ自体を受けいれなくてはならないし、協議民主主義形成という基本認識をもつ必要がある。

(八)　共通認識は政治の運営および政治発展の基礎である

政治生活の角度から述べると、協議は一種のハイレベルな政治生活といえる。その理由は、協議は一連の前提となる要求を有しており、そのうち制度化および法治化の要求を包括しているだけでなく、加えて政治文化的要求をも包括している。これまでの実践からは、これらの要求はいずれも有効な政治発展により初めて達成可能なことを示している。政治文化の面から述

1　〔米〕マリア・バーンズ『将分岐帯入協商』（英文）、『政策与政治』第三〇巻、第三期、三三一四頁。

べれば、協議政治が必要とする政治文化的基礎とは、まさに公民の政治生活の価値と原則によって形成される基本的な共通認識なのである。

いわゆる共通認識とは、実際には同意することではなく、対象あるいは一致した対象を共有することを指す。[1] イーストンは、現代政治の条件下で形成可能な共通認識、あるいは政治団結の対象は主として三つ、すなわち政府、政治体制および政治共同体であると考えていた。一つの社会において、この三方面の共通認識程度あるいは団結の程度は社会における政治系統（システム）の安定したレベルと運営空間（場所）を決定する。[2] サルトーリは、「民主主義制度が仮に段階的に調和し、一致した基本的共通認識の創造に成功しなければ、それは一つの運転困難かつ脆弱な民主制度に過ぎない」と厳しく指摘している。[3] 前述の見解は協議政治をより鮮明に具現化し、そのうち正式な順序を踏んでいない共通認識は、協議を形成することはできない。協議が存在しなければ、民主もまた無い。協議政治の条件下で、公民は上述した三つのレベルの基本的共通認識は全体の政治運営と政治発展であるといえる。実践を踏まえればこのような

1 ［米］ジョバンニ・サルトーリ『民主新論』馮克利、閻克文訳、東方出版社、一九九三年、九四頁。
2 ［米］デイヴィッド・イーストン『政治生活的系統分析』王浦幼等訳、華夏出版社、一九八九年版、一七一—一七二頁。
3 ［米］ジョバンニ・サルトーリ『民主新論』馮克利、閻克文訳、東方出版社、一九九三年、九四—九五頁。

共通認識は長期的かつ全面的な政治教育により初めて完成する。上記のような教育を公民教育と呼ぶ。よって、新たな政治形態には必ず全面的に発展した公民教育体系が必要となる。そうでなければ、新たな政治形態は効果的な維持と発展は成しえないだろう。

二　中国的協議民主主義の原則と構成

一つの社会発展から述べると、いずれの政治運営原則も抽象的にすることは不可能であり、極めて具体的である。具体的な政治原則というのは、一方から捉えると、政治形式そのものの規定性であり、もう一方からみれば社会的本質の規定性といえる。協議政治の原則というのは二方面に拠る。一方の協議と民主主義そのものの規定性であり、もう一方は中国の社会性質と社会発展の規定性である。中国の現段階での社会条件と発展動向の背景を踏まえると、協議政治の確立および運営によって、多元的社会の整合が可能となる。民主政治の持続可能な発展目標を実現するためには、以下の基本原則を遵守せねばならない[1]。

第一に、共産党を中核的主体とする。

中国唯一の執政力として、中国共産党は国家政治生活の中核であるだけでなく、社会組織の

1　林尚立「協商政治──対中国民主政治発展的一種思考」、『学術月刊』、二〇〇三年第四期。

中核でもある。したがって、協議政治の展開というのは組織体系であっても、段階的プロセスであってもいずれも中国共産党を中核とする。国家の政治生活レベルで考える際、中国共産党は党の職能組織と各民主党派の団結、さらには協議政治運営の組織および機構を設立することが可能なのである。

社会生活レベルにおいては、中国共産党は基盤組織、さらには労働者・青年・婦人組織および党の連携している各種社会組織を通じて、社会領域で協議政治運営のための影響範囲を拡張し、大きな組織と枠組みを調整し、協議政治の有効な運営を保障することができる。共産党の中国社会指導者に対する中核的作用およびそれに伴って生じる社会への強大な動員力と統合力は、中国協議政治によって展開できる政治基礎といえる。反対に、中国共産党にとって、協議政治はすなわち中国共産党が多様化した社会において強固で発展的なその指導地位にある重要な民主政治の形態なのである。

第二、憲法を最高の権威とする。

協議政治は本質に、協議の主要な部分の政治的平等を強調する。これにより、必ず共通した最高権威を確立しなくてはいけない。憲法は最高権威であるべきであり、いずれの社会の政治力も必ず憲法の枠組みの中で活動し、憲法を尊重し、憲法に従わなければならない。

第三、制度を基本のプラットフォームにせよ協議は、民主政治の重要な資源を増強し、強固にするものであり、そのためにはまず一種の制度化のプロセスを踏む必要がある。それにはまず、すべての協議において完全なるプラットフォームを建設しなくてはいけない。その意義を述べれば、協議政治建設の鍵は制度の革新と建設にある。

第四、共存を基本的前提とせよ。

協議政治の発生源は社会の多様な分化した状態に辿り着く。協議政治運営の前提として、多様な社会と政治力の共存がある。それゆえ、協議政治の展開というのは社会の多様化した力を削ぎ落すのではなく、反対に社会の多様化した力を強化し、これを共存基盤にし前提とするべきなのである。

第五、共同合作を基本的価値とせよ

市場（経済）と民主主義という枠組みのもとでは、協議政治の主要部分にはいずれも独立した現実的基盤と制度空間が存在し、協議政治の主要部分は、いずれもが根本的には独立した一個の利益単位であることを決定づけられている。異なる利益を出発点とした協議政治の主要部分間では、効果的な協議関係を構築する必要があり、必ず「共同合作」の基本的価値に準拠し、「共同合作」を通じて、各自の利益要求という基本理念の確立を実現しなくてはならない。

第六、発展を共通の目標とせよ

協議が形づくる共同合作は、根源的には発展のためにある。しかしながら、このような発展に先立つ価値選択は、協議政治の各主体の各自利益の実現と発展ではなく、国家全体の利益と社会の公共的利益の実現と発展にある。そうでなければ協議は局所的な利益あるいは私的な個人の利益が、全体の公共の利益を侵害してしまうだろう。

第七、関係を基本的原動力とせよ

協議政治を効果的に運営する原動力は、常に拡大し続け、制度化され、多元的であり、多方向的に関係している。このような関係は、社会的勢力や政治体系を包括するにとどまらず、政治力、政党等が社会生活にも関係している。このような多元、多方向的な関係、政党、国家および社会がなければ、効果的な相互交流を実現することは不可能であり、協議政治のあるべき基礎の形成も無論不可能である。

第八、監督を基本的保障とせよ

協議政治の効果的な運営には、協議政治の主要部分が各々相互に監督する権利を基本的保証として保持することが必須条件になる。役に立つ監督は、協議の制度機構と技術プロセスを完全なものにするばかりでなく、さらに協議政治の具体的運営の効果的実現を保障してくれるのである。民主政治にとって、監督は民主政治に必要な持久的活力の原動力源を保持してくれるといえる。

第九、協議を基本的手段とせよ

一種の多元的利益関係を調整する手段として、協議は敢えて地位の相互尊重、情報の均整を取ることで、利益の共存と互恵関係を強化することになる。それを踏まえると、このような調整する手段は、均衡のとれた利益関係とするのに効果的なだけでなく、相互のコミュニケーションを確立し、その結果、調和のとれた、バランスの良い、共同合作の政治へと効果的に到達する。

一般的に政治原則というのは必ず対応した政治機構を通じて具体化され、さらにこの機構を効果的に作動させることではじめて実現される。この原則は、政治原則が政治機構を形成する前提であるということを決定づけているようだ。実際のところ、政治原則と政治機構との関係は、極めて複雑であり、新たな原則が新たな機構を生んでいる。司法の独立原則のような新たな司法制度が打ち出されたとして、そのうちいくつかの原則は、その構成自身、例えば少数原則の保護や、民主的価値からくる機構そのものなどである。そのため、政治原則と政治機構とは明確に区別することはできず、それらを混同することもできない。政治機構と政治原則との大きな違いは、政治機構が示すのは一種の政治生活の展開に必要な政治要素とそれらと相関関係であるが、政治原則が示すのはそれを取り巻く一定の価値と目標、またそれにより展開される政治生活が準拠すべき基本的規範である。そのために、協議政治の原則について明らかにするだけでなく、協議政治の基本構造について明らかにする必要がある。民主の政治形態として、協議政治の構造は価値、制度、順序の三方向から把握できる。

㈠ 協議政治の価値構成

協議政治は民主政治の一種の運営方式であり、その価値構造の主要部分は民主政治の価値構造である。中国において、協議政治は人民民主主義を基礎にして運営されており、人民民主主義の価値構造は、協議政治の価値構造の核心である。通常であれば、人民民主主義の価値構造は、国家権力は人民に属し、人民は法に基づき国家を管理するのである。中華人民共和国憲法には、国家の全権力は人民に属し、人民は法律の定めに基づき、各種方法や形態で国家事業を管理し、経済と文化事業、そして社会事業を管理する。人民民主主義の価値構造は現代民主政治の提唱する自由、民主および平等の基本的価値の理想的な価値構造である。しかし、これらの人民民主主義の価値構造によれば、民主主義を組み立てることは可能であるが、必ずしも協議を民主主義の基礎とすることは出来ない。当該人民民主主義の価値構造の基礎は、協議政治という整合性のある運営の価値構造体系なのである。この基本要素は人民民主主義の基本的価値であるが、しかし基本要素に内在している論理関係は、協議政治の規定性によって形成されたものである。それゆえこの価値構造体系は自らの論理、具体的には以下のことを具現化している。(1)人民主権。国家権力は民主主義よりきて、政府は人民の道具である。(2)憲法の絶対性(「至上」)。いずれの勢力も憲法を超越することは出来ないし、憲法で規定されたすべての権利を侵害することは出来ない。(3)政治的平等。すべての社会構成員は平等な政治的権利を有しており、いずれの形態によっても制限や差別を受けない。(4)参加の自由。公民は法定の形式や方法により国家事業に自由に参加可能であり、抑圧や制限を受けない。(5)民主的手続。いずれの手続も十分に民主主義の基礎に則る必要があり、法的手続はこの基盤のもとで規定されるべきである。(6)立法の公正。立法は公正さをもって基本的原則とし、公正の基礎は協議により形成された公共の利益である。(7)公衆の総意の遵守。人々は協議により形成された公衆の意志を尊重する義務がある。(8)マイノリティの尊重。協議においては如何なる異なる見解も尊重される。(9)弱者の保護。協議の公正性は弱者を保護することを前提としている。(10)政策決定の透明化。政策に関する情報を公開し、決定までのプロセスを透明化する。(11)理性的協議。理性的な表現と協議は協議を合法的に行うための基礎である。

㈡　協議政治の制度構造

協議の制度構造は、協議が必要とするすべての制度形態について述べているのではない。実際、どのような制度においても協議は存在している。協議の制度構造は、主として協議政治の形成に必要な基本的な制度条件を指す。この制度条件というのは抽象的なものではなく、民主政治の原則下において現存の制度条件を出発点とし、現存制度の枠組みの中で協議政治に必要な制度条件を発展させるものである。中国において協議制施行時の制度構造とは必ず中国現存の制度体系を基礎とし、その具体的な要求は以下の通りである。

(1)党と政府機関の分離。党と政府機関の分離の本質は党の原則および国家制度運営の改変に関して、党は国家制度の原則を以って国家制度、さらには党および国家間の関係を調整している。(2)政府と社会の分離。政府と社会の分離の本質は政府が社会の発展を決定することから、社会が政府を決定し、政府が社会に奉仕し、社会が自主性を獲得することを指す。(3)社会自治。縦型の区域と事業領域、横型のコミュニティ領域、いずれも皆相応の自治能力を備えた社会である。(4)全人代の発展。全人代は、中国において最も基本的な政治制度である。すべての制度構造の調整および発展は全人代の発展をいずれも皆展開の中核にしている。全人代発展の鍵は地位の向上、制度の完全化、機能開発、役割強化にある。(5)限定のある政府。政府が制御する空間の方向性は絶対的に正しくあるべきであり、政府が制御する自治はその形態も明らかで、そしてその境界は柔軟性をもつべきである。(6)分権構造。中央集権の国家構成の形態下において、分権構造を形成する政府間関係は、各級地方政府を相対的に自主性を備えた政府へと変化させる。(7)多数党の共同合作。政治協議の発展と完全化を基礎にして、執政党と参政党との執政プロセスにおける共同合作、同合作空間の開拓、同合作形式の発展を強化させる。(8)社会的協議。立体化した社会協議制度を建設し、政党と社会、国家と社会および社会内部の各要素間では制度化した協議組織による協議、共同合作および整合を目指す。

㈢　協議政治の段階的構成

協議は、一つの複雑な政治プロセスである。異なる背景、異なる条件下で、異なる問題に対して協議は形成され、その具体的手順は相等しいわけではないが、その一般的な手順は、参加、協議、表決である。具体的な協議について述べれば、これは最も一般的で必要な手順は、必ずしも完全化した協議政治の段階的構造とは言えない。つまり、ここでいう協議政治の段階的構造とは、協議政治の手順そのものというよりは、協議政治の手順において必ず準拠すべき基本的規則にすぎない。これらの規則は協議の手順のデザインと手立てを規範化し得るのである。一般的には、協議政治の手順において、準拠すべき主たる規則とは以下の通りである。(1)法に基づいた原則。協議手順の確立は憲法と法律に依拠すべきである。政治プロセスにおいて、その手順も等しく法的効力を有する。(2)原則の一致。協議段階では、参加者が一致して同意する必要がある。(3)多数決原理。協議の表決の実行は相対的あるいは絶対的に多数の原則に基づかなくてはならない。(4)公平な原則。協議段階において、全ての参加者に対し平等に機会を与えなくてはならない。(5)原則の公開。協議のプロセス（過程）と結果は公開しなくてはいけない。ここで、明らかにさせておきたいのは、協議政治の条件下で、協議というのは政策決定における必須のプロセスであり、ただすべての協議が政策決定を行うわけではない。つまり、協議の具体的手順と構成は、協議の類型によって大きく異なるのである。

三　協議民主主義を基礎とした民主的競争

現代民主政治は人民と社会を根本的な決定力として実施される。どのような形式をもって展開したとしても、必ず最も基本的な政治プロセスである権力委託のプロセスを通過しなくてはいけない。このプロセスにおいて、人民は手中の権力を行使し、受託者は人民が委託した国家権力を掌握し、運営する資格を合法的に手にすることができる。このプロセスの最たる基本的形式というのがまさしく選挙である。現代民主政治の条件下において、選挙は競争との一体性を免れることは出来ない。選挙は、代表あるいは指導者を選択する行為であり、選択には比較が伴い、比較される者にとって、このような比較は有形あるいは無形の競争を生み出す。一方では、参政が社会の普遍的要求となっている条件下において、政治資源は相対的に資源不足であることから、このような資源の最も初期の分配は自然と同資源の分配を決定する投票者の前で競争を行うことによって実現される。そこで、人々は現代民主主義において三段階の論理的判断を形成している。民主主義は、必ず選挙を経る。選挙には必ず競争が伴う。つまりは競争がなければ民主主義もないのである。この論理的判断はまず正確といってよいだろう。しかし、仮にこの結論を強調すれば民主主義は競争となり、競争がなければ民主主義もない、このように結論を簡素化させてしまうと民主主義の健全な発展には非常に不利がある。米国研究者サルトーリはヨーゼフ・シュンペーターらの主張する競争式民主主義論に関して以下の指摘をしている。

「仮に誰かがあなたに一切の民主主義はすべてエリート間の競争において存在すると述べるなら、このモデルはこのような論法の正当性を保証出来ない。同様に競争理論が成り立たなければ、実際には我々の手にしている民主主義は、我々が手にすることのできる最も良い民主主義とは言えない。このモデルも等しく、民主主義の完全性を表現することは出来ない。このことから競争民主主義論が完全なものではないことは明らかであり、政治的民主主義が存在するのに必要で十分な条件により授けられた説明理論といったところである。競争性理論の民主主義に対する『最低限度』の定義としては適当といえる。」[1]

サルトーリの評価は比較的要点を捉えており、上記中に彼が述べた民主主義に関連する思想の主張というのは肯定に値する。たとえ競争が民主主義の前提条件だとしても、民主主義は完全な競争ではない。競争は民主主義の必要条件ではあるが、民主主義の十分条件ではないし、同様に競争があれ

1 ［米］ジョヴァンニ・サルトーリ『民主新論』馮克利、閻克文訳、東方出版社、一九九三年版、一六一頁。

ば必ず民主主義があるものでもない。民主主義の十分条件は人民が経済および社会生活の中で有している自己決定権、および彼等の構成する社会は国家の力量を決定でき、国家の行使する管理的職務権限に伴う政府の合法性、人民による賛同と支持を代表している。よって、概括すれば人民は経済と社会領域の自主的で、またこれにより形成される政治領域における国家に対する決定権こそが民主主義の十分条件と言える。この十分条件なくして民主主義を語ることはできない。この基礎さえあれば、競争は民主主義に対する実質的な意義をもつことになり、そうでなければ競争は民主にとって一種の標識のようなものでしかない。実際のところ、この基礎があれば、競争も現実的要求を有するのである。

競争は民主主義の必要条件であるが、しかし民主主義の全てではない。ゆえに競争は民主主義を決定することはできないし、競争を出発点に設定した民主主義の形式ではなく、反対に民主主義の発展の内在要求を、競争の出発点に設定すべきである。当然、そこには目的と手段の問題は存在する。競争は民主主義の手段であり、民主主義は競争の目的である。民主主義発展の実践から捉えれば、目的は手段を決定し、民主主義は競争を決定する。我々は現代民主主義における政党制度の異質性の中で、多くの実例を模索し、この点を証明してきた。一般的に述べれば、中国は西欧式の多党競争政治こそが民主主義の主張へ到達することができるという認識に内包されている理論ロジックこそ、手段は目的を決定するというものなのである。

一般的に、手段と目的の間のロジック関係は弁証法的関係にあり、目的は手段を決定し、手段も同様に目的を決定する。ただし、民主主義の目標の崇高性と競争手段の局限性は、民主主義と競争関係を決定する際において、全てのロジックの起点というのは民主主義であり、競争ではない。競争の民主主義に対する決定作用は、民主主義が競争を決定する前提下で展開される。具体的な政治実践中に、この論理を逆転し、競争を出発点として民主主義を調整しようとすると、どのような民主主義の成長も困難なものとなる。中国社会については言うまでもないだろう。原因というのは、論理上の困難に存在しているだけでなく、実践中の苦境にも存在する。この苦境というのは、政治競争中においてみられる基本的難問であるが、ここでは暫時「サルトーリの難問」と呼ぶこととする。なぜなら、この難題は米国研究者であるサルトーリが提出したものだからだ。彼はこの難題について以下のように述べている。

「民主（主義）と政治は、市場制度と経済の関係のようである。消費者を保護する方法は経済上での壟断的集権である独断的集中の禁止に勝るものはないことは我々承知のところである。我々にとって自由を支持する方法は政党の相互競争に他ならない。異なるのは経済生産者間の競争は消費者の監督による消費という制限を受けることとなり、これにより彼等に提供可能な有形的な商品を評価する地位という部分で異なることになる。政治商品は無形的に評価すべきではなく、これは政党間の競争が容易に政治消費者の監督を逃れることができ、さらにこのたとえはもう一つの要因により成立し得ないのである。経済競争は法的に監督することが可能であるが、政治競争はそのようにはいかない。経済の詐欺師は法廷に引きずり出し、投獄することができるが、政治の詐欺師（煽動家）はそうはいかない。このような相違点から、政治領域における悪性の発展というのは、当然、純粋な煽動的で公平性を欠いた競争も含め、有効な改正方法を探すのが困難である。言うなれば、経済的煽動と政治的煽動を比較した際の差異は、代償を払わない、あるいは代償が極めて小さいのである。これがまさに「煽動」が政治学の専門用語として使われてきた所以であろう。」[1]

「サルトーリの難問」の本質は、競争は有権者が獲得した競争結果を決定する権力であるが、この権力を有する有権者というのは、競争そのものが制御することはできないし、競争結果が招いた民主政治の発展にもたらした実質的な効果と影響も監督できないということである。「サルトーリの難問」は競争と民主主義は等価ではないし、競争が激烈、複雑になればなるほど民

1　［米］ジョヴァンニ・サルトーリ『民主新論』、馮克利、閻克文訳　、東方出版社、一九九三年版、八七―八八頁。

主的になることを決定づけている。つまりいずれの民主も全て競争を論理の起点とし、いずれの民主主義も全て人々の自由と平等の実現をもって論理の起点とし、競争をこのような自由と平等を実現させる仕組みと手段とし、具体的な民主主義の規定を得るべきである。

中国は社会主義的民主主義を実行している。社会主義的民主主義に内在する構成と運営ロジックは中国が西欧式の競争的民主主義を実行不可能なことを決定づけている。西欧の競争的民主主義は多党制を前提条件としている。多党制が西欧に出現したのは、西欧の政党が、国家と社会発展の歴史的ロジックにより決定されるからである。しかし、社会主義的民主主義は、現代民主主義を発展させた一種の形態であり、民主主義における競争のもつ意義を否定すべきではないし、実践において取り消すこともできない。かえって積極的に民主主義における競争に対応すべきであり、社会主義的民主主義発展の内在要求を出発点とした社会主義的民主主義条件下の民主的競争を促すべきである。

政治領域での民主的競争はすべて、三方面の要素により決定される。すなわち、制度条件、参加要求および分配可能な政治資源である。社会主義社会の制度条件は中国においては出現不可能であり、西欧式の多党競争においても出現すべきではない。ただし、参加要求と分配可能な政治資源との関係において、社会主義的市場経済の発展および社会構成の変化や、民主的競争の問題は次第に出現するようになる。

実際のところ、この二年、党内の民主主義および中国共産主義青年団（以下、共青団という）内の民主主義実践において運用されている「表決制度」と、かつての政治的順序を比較すると、より民主的競争性が加わっているといえる。社会主義的民主主義の建設と発展から述べると、競争は社会主義的民主主義の必要前提条件の一つであり、同時に社会主義的民主主義の発展の基本的原動力のメカニズム（仕組み）の一つでもある。よって、民主的競争の政治と社会基盤の増大は社会主義的民主主義の発展にとって積極的意義を有するのだ。しかし、競争が避けることのできない「サルトーリの難問」が要求する社会主義的民主主義には規範的な民主的競争がその健全なる発展のためには不可欠である。

「サルトーリの難問」の角度から述べれば、社会主義的民主主義の規範的競争は主として二層から展開することが出来る。一つはプロセス（過程）の側面、他の一つは制度の側面である。競争と協議とが有機的に結合すると、競争は協議の基礎の上に構築され、制度的側面から捉えれば、完全かつ発展した選挙制度がそれにあたる。ここでは主としてプロセスの側面についての分析を進める。

現代民主主義は現代社会を基礎とし、現代国家をその枠組みとする。民族国家発展の歴史から捉えるに、現代社会と現代国家はいずれも一つの基本的機能を有している。まさに、社会の整合的一体化を実現することにある。現代社会の発展について述べるなら、社会は市場エネルギーを通じて、経済生活の中に一つの有機体を新構築していく。現代国家の発展は、共通の利益を求めて、国民国家という枠組みから共同の政治文化・政治活動を包含した政治的共同社会（政治共同体）を形成させる。西欧民主主義は多党政治を基盤とし、大衆民主主義により形成された競争政治はまさにこのような社会と政治的基盤の上において形成されてきたのだ。このプロセスは一歩で到達したわけではなく、時をかけ、段階的に展開、形成されたものである。この理論ロジックと歴史的事実が表明しているのは、現代政治の条件下で競争的民主主義の展開は実質的には前提があるということだ。この前提は、社会に必ず現れる多元的構造だけでなく、社会と政治が高度に一体化された社会の実現をも指す。多くの実践が証明しているのは、一つの前提条件のみで展開される競争政治は、表面的には民主主義の規模が極めて大きく展開されているようにみえるが、実際には、大幅に民主主義の実際の効能は低減され、最終的には民主主義を葬り去るということだ。多党競争の条件下で、競争は少数政党間の展開に集中すればするほど安定し、有効的なものとなる。日本は政党政治を実現してから、二党制を樹立すべく努力し続けてきたが、最終的に形成されたのは非常に安定した一党独占の構造である。この実例はこの点について幾らか述べている。

　このことから、今日の中国社会において、社会構成の多元化、経済および社会生活の多様化の発展に臨み、社会主義的民主政治の発展には、必ずといってよいほど競争的民主主義の問題と対峙しなくてはならない。しかし、十分に認識を深めたとしても競争的民主主義は西欧の競争的民主主義の形式をとることはできない。これは、中国が多党制を主張していないこと、また中国は現代社会、現代国家の建設は未だ成熟した段階にないことも要因として挙げられる。社会的一体化の程度には限度があり、中国が西欧式の民主主義的競争を図ったとしても、中国の民主主義を発展することができないばかりでなく、却って中国の民主主義を葬り、さらに国家統一までも葬り去ってしまうということだ。よって中国の民主主義的建設と発展において競争的民主主義は必ず時間と協議民主主義との有機的結合であり、協議の基盤の上に構築される。

このようにして競争は多元的協議を基礎とし、実際の競争を展開していく中で大幅に競争を克服し、多元的分裂や多元的対抗を可能としてきた。もう一方で、協議を基礎とした競争においてもある程度は「サルトーリの難問」を解決してきた。なぜなら、このような競争はしばしば異なる政策と政見間で発生するものではなく、能力と政治的品格間での競争のためである。政策と政見の差異と分岐は協議プロセスにおいて協調性を獲得し、これを基盤に人々は政策実践において優秀な指導者を選出するのである。

そのため、中国の社会主義的民主主義の建設と発展が直面する競争問題というのは、実際には二方面における作業が必要となる。一つには、協議を政治プロセスの基礎とし、そこから協議政治と競争的民主主義との有機的結合を実現することである。その実現には、政治的ステップの設計と発展が必要となる。第二に、全面的発展と完全な選挙制度は、協議を基礎として形成されてきた十分な制度規範といえる。この二方面での作業は、現代民主主義の発展を原理とし、さらに中国の民主主義発展の特性と基礎を十分に考慮しているのである。

これまでのことを分析すると、以下の結論に辿り着くこととなる。協議政治は民主主義中の競争を否定しているわけではない。しかし、中国の社会主義的民主主義の発展理論と現実のロジックにおいて、このような競争は西欧式の民主主義的競争とまったく異なるというわけでもない。協議政治の下では、競争は民主主義の手段であり、協議を基礎とし、協議民主主義の実現を基本目的とすることが必要となるのである。

四　協議民主主義の最適化のための中国的政治形態

政治生活は、いずれも組織、価値、制度および手続（プログラム）の四大要素で構成される。どのような順序で配列されたとしてもその重要性になんら変わりはない。なぜなら、成熟した政治生活形態のうち、それらは相互に浸透し、統一されており、君の中に我あり、我の中に君ありといったような状態になるためにである。具体的行動として、協議は政治生活における手続配置や、行動様式に直接的に具現する。しかし、いったん政治生活がこの手続に則って展開されれば、積極的な効果を産む。では、手続がある協議というのは完全に政治生活の原則となり、さらに政治生活の組織、価値、制度の中に浸透し、政治生活の組織形態、価値志向、制度調整に影響を与えることとなる。[1] いったん、この境界に到達すると、政治形態全体が協議のもつ要素によってその全体の独自性を表すこととなる。協議政治はこの構成に依っている。

中国の民主主義の発展にとって、協議は新しくもないし、外からの民主主義の手段でもないし、その上、中国の民主主義に内在した規定であり、その実現が基本的形式となっている。それゆえに中国の民主主義の建設と発展にとって、協議を中国の民主的建設の方法と手段にではなく、協議を中国独自の民主政治が充分に合理化され、現実的に内在化した組織機構と政治資源にする必要がある。

上記分析から、中国の民主政治に内生する協議の要因と組織要素が分かる。一方では多階級連合の共和制政治に協議と共同合作を基礎とする必要があり、他方で民主集中制（民主主義的中央集権制）に内在する有機的統一もまた協議を必要不可欠とする民主的組織としている。そこから、協議の内因性というのは、中国の民主政治の協議に対する内在的要求、および協議の中国政治生活における具体的、かつ必要な政治および制度の基礎を表しており、必ずしも協議

1　この観点に関連して、筆者は『協商政治―対中国民主政治発展的一種思考』において基本的な見解を述べた。参考『学術月刊』、二〇〇三年、第四期。

が中国の政治生活において成熟した民主主義的要素であることを表しているわけではないこと、同時に中国の民主政治は協議という要素が既にその独自の合理性を獲得していると言うことはできないことが分かる。この点を念頭に、我々は中国の民主政治建設を推進する中で、戦略上、協議資源の開発と利用を重視せねばならない。

中国社会において、協議資源は、民衆の秩序ある参加、利益の多元的交流、党派の団結による共同合作、「中国人民政治協商会議」の民主主義的協議および政党の大衆説得に具現化している。協議資源の開発は、有効な政治的手続、機構と規則の設計などの資源を発揮させることで、積極的な民主的効果を産んでいる。

現実の経済と社会発展には協議資源の開発が必要であり、中国の民主政治には前記原因から政治文明の合理性と中国発展の現実性が賦与されていることを、この発育成長した協議政治は示している。これは協議政治が中国独自の社会主義的民主政治をもって、協議政治生活における普遍性と緊密性を体現すると同時に、中国的民主政治の価値、制度、組織およびその手続の独自性を具現化することで中国独自の社会主義的民主主義の政治形態を発展させているためだ。協議主義の開発は、いくつかの方面から中国独自の社会主義的民主政治の建設と発展を促進し、これら方面の発展は、中国協議政治の基本形態の構造を構築する。

第一に、人民を国の主人公とすること、および公民協議の相互統一である。人民を国の主人公とすることは、人民民主主義を集中的に具現化することである。人民代表大会制度および末端層の大衆自治などの制度は、人民を国の主人公とするのに必要な制度を提供している。ただ、実際には人民の参加と国家事業管理の空間は未だに限界があることである。よって、人民協議体系の支援を受けることが可能であり、各階層、各団体民衆の参加と意見表明を吸収することで、人民主権を満たせるのである。人民協議体系は末端社会および末端政府構築に必要な協議組織を具現でき、下部層の民衆は下部層の公共事業の協議および意見表明に直接参加可能であり、さらには末端の公共事業の政策決定を行うことも出来る。

第二に、一元的指導者と多元的構成の相互統一。党の指導者は中国独自の社会主義的民主主義の発展の内在的要求である。同時に、社会主義的市場経済の発展は社会の利益と組織構成を段階的に多元化させる傾向にある。一元的指導者と多元的社会の協調と統一は、党の指導者と執政能力の強化に有利なだけでなく、多元的社会の協調と整合にも有利といえる。よって、政党は以下の方面における努力を行うべきである。一つには、現有の政治協議システムの効果的開発であり、二つ目に各政党や社会と対話するコミュニケーション組織の構築である。三つ目として、各社会の協議組織の構築と運営の指導に努めること、労働組合を通じた労働資源の協議機構の完成化を目指すことなどが挙げられる。

第三に、多党の共同合作と政治協議の相互統一である。これは、中国協議政治の二大基本資源であると同時に、政党、国家および社会の三大政治空間に影響を与えるものでもある。多党の共同合作は、一党指導、多党参加の執政各局をつくることで国家政権資源が中国社会の各種政治勢力分配のバランスをとっている。政治協議というのは、各党派、各人民団体の共同協議による国家的問題での大連合、団結の局面を形成し、このような機能をもった組織が形づくる参加は社会利益の多様化が提起する参加要求を効果的に吸収できる。よって、健全な多党共同合作機構、政治協議会議の完成化は中国民主主義の発展に具体的な長期的戦略の意義を賦与する。

第四に、中央集権と地方の相対的統一。民主主義と国家規模（レベル）での内在的連携。国家が巨大化すればするほど、民主主義の発展が遭遇する問題と矛盾は必然的に多くなる。さらに、解決すべき困難も自然と多くなる。大型国家は、しばしば連邦体制で現代国家の民主主義的要求を解決しようとする。しかし、国情として、中国は連邦体制による国家運営を不可とし、中央集権的な単一制度をとり必ず実行することとした。

単一制度で国家統一を保障し、ある程度地方の自律性を規制する。大型国家において、地方の自律性がなければ、国家の全体発展のための活力と動力の獲得が極めて困難となる。このことから、分権は単一制度国家の発展に必要な要素なのである。中国の中央および地方の関係には必ず集権と分権の共存、つまりはマクロ・コントロールと地方の自主的活動、が必要である。

このため、中央と地方、地方と地方の間に各種委員会を設置し、政府機関間の交流および協議を促進し、節度ある集権制、形のある分権制度、効力のある調整、効果をもった自律性および段階に応じた調整を創造しなければならない。

第五に、多元一体および一体多元の相対的統一である。中国は多民族国家である。長期的な歴史発展において、「多元一体」型の中華民族構造を形成してきた。[1] 国家の現代化には、民族融合の促進と更なる「多元一体」構造の深化が必要とされる。中華民族に内在する「多元一体」構造は、先に述べたような民族融合だけでなく、取り除くことができない中華民族の多元性、保護しなくてはならない「一体多元」の存在がある。一体化は現代化を欠かすことはできないし、また多元化は中華民族の動力の重点である。このように、国家建設は必然的に国家整合、つまり調整構築とは、そして民族多元共存間の協調関係とは、何なのかの問題に向き合わなくてはならない。この問題を解決する鍵は、少数民族の権利を十分に維持し、各種機構とその経路を通じて、少数民族に対してその権利の維持をもって、利益、平等な参加と機会を賦与することにある。国家の一体化には、異なる民族間の交流と相互作用が必要であり、同時に国家一体化のプロセスの中で少数民族の自己認識および民族の伝統、さらには民族間の交流と相互作用が

1　費孝通『中華民族的多元一体格局』『北京大学学報』、一九八九年、第四期。

求められているのである。民族間の交流、協議と相互作用は多民族国家の現代化および民主化の健全なる成長のベースとなるのである。

第六に、集団の指導者と個人の責任の相対的統一である。党の中国における社会的指導において、集団指導と個人責任の結合を実行している。指導の強化と方針決定の民主性、さらには職責の遂行における責任の相対的統一は、合理的な意思決定だけでなく、執行能力を保障する。このような体制運営の鍵は意思決定の合理性と正確性、集団内部のコミュニケーション（情報交換）と団結にある。これは集団指導の際には必ず円滑な情報コミュニケーションと協議対話する機構が存在し、意思決定を行う前に、十分な下準備と協議が必要であり、意思決定プロセスにおける厳格な民主集中制原則の執行を行うべきであるからだ。これらはすべて協議とは切っても切り離すことができない。つまり、集団指導と個人責任という両者間には、必ず健全なる情報機構、コミュニケーション機構と協議機構が存在する。このような協議は、党内の協議を可能にするだけでなく、民主諸党派の協議などを含む党内と党外の協議をも可能とする、

第七に、選挙形式と協議形式の有機的統一である。二〇〇六年に発布された『中共中央関于加強人民政協工作的意見（中共中央の人民政協事業強化に関連する提案書）』は、はじめに中国の民主的運営の二つの形式について述べている。「人民は選挙、投票を通じて権利を行使し、人民内部の各方面の重大な政策決定を行う前に十分な協議を行い、可能な限り共通した問題に

関して意見の一致を図り、このことは我が国の社会主義的民主主義の二種の重要形式である」。この二種類の形式統一の重点は、協議機構の合理性と有効性である。選挙について述べれば、協議は選挙にとって代わるものではなく、逆に選挙を保障するものである。合理的で効果的な協議は、往々にして選挙を効果的に運営する重要な前提条件である。この角度から捉えると、協議形式と選挙形式の共存の強調は、中国政治における選挙の重要性を低下させるものではなく、中国の政治生活において選挙をより積極的で、活発なものにし、中国の民主政治の建設を深化させることになる。

第八に、競争プロセスと秩序ある参加の相対的統一である。選挙は競争を孕んでいる。利益分化の程度が強くなればなるほど、このような競争は必然的に激化する。反対に、競争が進むと、政治への動員や、政治参加の促進、派閥構成の成長などを誘因する。中国の政治は党の派閥競争による政治ではなく、党派の共同合作政治であり、それは競争政治ではない。だからといって、中国の選挙は競争を回避できるわけではない。非競争の政治形態の中での競争の運用には、競争と秩序ある参加の結合が必須であり、競争に参加プロセスを組み込み、それを直接利益逃走と対抗のプロセスとすることは、一種の参加プロセスの獲得にすぎない。これにより、選挙参加者が展開する個人間の競争は必ず協議の基礎となり、競争の設定は共同認識や相互包括的な基盤を伴う。秩序ある参加は、秩序ある開放、秩序ある動員および秩序ある競争との統一であり、このうち一つずつの環状の節目交流、コミュニケーション、協議は切り離すことはできない。

第九に、個体の自由と組織規律の相対的統一である。中国は政党主導の国家であり、政党は規律を基礎として設立される。規律は組織意思の具現化であり、これは人民の同意の基で形成された法律とは異なる。政権与党の執政は、知らぬ間に党の規律を国家の基準となる政治要求へと向上させ、党員、時には一般的な民衆さえ規格化してしまうことがある。このような基準となる政治要求は、憲法を基に形成された個体（個人）の自由に対して特定の空間を提供した場合、政党、国家と社会間の緊張を引き起こし、その実現が阻まれることがある。この特定の空間は、社会的権利の主体（個人）に非公式な自由表現および相互協議の佇まい（場）と組織を提供し、個体の自由への積極的な発展へと向かわせる。学術の自由と規律のある宣伝との間のバランスの統一は、このような対話、交流および協議を保障する重要な役割を果たす。

第十に、剛性政治と柔性政治の相対的統一である。法に基づいた国の統治は中国民主政治建設にとって非常に重要である。法治によって形成された政治生活は剛性な政治生活である。中国のような長い歴史と伝統のある後発の現代国家にとって、社会の一歴史、一文化を基に形成される非法律的要素および勢力は、利益協調と社会統治にとっては依然として重要な影響力をもつものなのである。人々がこれに基づき形成する政治生活は柔性政治生活に属する。党の集団事業、政治的協議、政党のなどが挙げられる。このような柔性政治は剛性政治を確立、展開するための重要な基盤であり、柔性政治が生む積極的効果の内在する機構（メカニズム）は、交流、コミュニケーション、協議なのである。

中国独特の政治建設と政治発展において協議政治は、中国の国家体制を強固にするための基礎であると同時に、中国政治体制を完全化するための鍵である。よって、中国の民主共和制の実践中には、協議政治と同時に国家体制および政治体制建設の価値と意義をもっている。当然、このことは協議政治が万能であることを意味しているわけではない。

協議政治が中国の民主政治の建設に対して講じた具体的な戦略的意義は合理的な政治建設および政治戦略のうちでしかるべき作用があったものにしかない。中国のような大型国家にとって、その民主政治の建設において必要とされる全体の規格化からみれば、協議政治の価値は一目みても明らかであろう。従って、未来の中国発展の鍵は、中国独自の民主政治を賦与した協議政治形態ではなく、協議政治ロジックを基盤とし、全体を規格化した中国政治の形態であり、協議政治の論理を基に、全体を規格化するための中国の政治建設と政治発展の原則、経路、段階、そのリズムにある。

第三章　政治協議と民主主義

中国の政治協議制度は、中国共産党の指導する多党共同合作と政治協議制度を意味しており、中国独自の政党制度である。それは中国共産党が指導した革命および中華人民共和国建国のプロセスの中で形成されたものであり、人民民主主義を実践するための重要な形式である。この制度は土着のものであるが、その価値と機能は現代民主主義の思考を明確に有しており、その実践においては政党、国家、社会の三者間の良好な関係を維持している。同制度は、中国のような大型国家が現代化に転換、発展していくプロセスにおいてその団結と安定を維持するために重要な制度の基礎となっている。

現代政治は二つの次元によって展開されている。一つは個人であり、二つには国家である。現代化の理論に基づけば、個人による現代政治の展開には、個人の権利と自由な発展の強化が、また国家による現代政治の展開には、国家の整合一体化の強化がついてまわる。それらを踏まえ、発展した空間と安全な条件が個人に提供されるのである。この二つの次元は、内在的張力を有している。個人の自由発展には、国家の保障が必要となるが、それは極力国家による干渉を受けないよう努める。また、国家の整合一体化は個人の多元的発展を認めているものの、個人に共同の政治認識を求める。このような張力の均衡を保つ基本的方法がまさに民主主義制度の建設なのである。

各々の国家は独自の歴史と文化をもっており、それぞれが異なる現実の条件と発展の規格類型をもっている。この種の内からの張力となるロジック（論理）の起点は、個人の権利や国家建設を出発点とするなど、それぞれ異なっており、そこから各国独自の民主的開発戦略および民主主義制度の設計を形作っていくのであり、各国によりその均衡（バランス）が決定づけられる。

一　人民共和国における中国政治協議制度の政治基盤

中国の政治協議制度とは、中国共産党の指導による多党共同合作と政治協議制度の略称である。この略称は、政治協議が同制度の基礎であること、また制度の中核となる使命をもつものであることから「中国政治協議（＝協商）制度」とされた。政治協議に基づき、中国共産党は多党共同合作を実現し、「中国人民政治協商会議」を創立した。そして中華人民共和国が誕生したのである。同時に、当該制度が政治協議機能を創り、中国の人民民主主義は比較的強力な社会的団結と国家整合機能を備えるに至ったのである。我々は「中国協議制度」を「中国共産党の指導による多党共同合作および政治協議制度」の略称として用いることができるが、「中国政治協議制度」が「中国共産党の指導による多党共同合作および政治協議制度」に由来するその経緯と、内在している政治的ロジックにより着手したこと、すなわち中国の政党制度から生まれ発展しているということを把握する必要がある。

一九一一年の辛亥革命は、中国の千年に及んだ帝政に終止符を打ち、中国が民主共和制を建設する時代を切り拓くこととなった。現代的政党制度の建設が始まり、多党制という茶番劇を経て、国民党の一党執権（独裁）体制による専制も経験した。中国の現行のものは中国共産党指導による多党合作と政治協議制度である。それは中国共産党が人民共和国を建設する際の歴史的実践と、中華人民共和国との共生共存を拠り所としている。

「党建国家」（政党が導き建てた国家の意）は、中国が現代国家を建設する政治的ロジックであり、その最初の実践者は中国国民党で、その後は中国共産党が続いた。この政治ロジックは中国社会が現代化に転換するにあたって必然の選択ともいえ、また中国の民主共和達成を強調している。千年帝国という廃墟の上に現代国家を建設したのであり、建設した現代国家の責任主体というのは現代の政党といえる。中国国民党であれ、中国共産党であれ、いずれもこのような歴史的使命を背負う中で建設されている。中国の革命と人民は最終的に中国共産党を現代国家建設の最終的責任者として選んだのである。

中国共産党が全面的に国家政権を確得し、執権政党の座を手に入れたのは一九四九年であるが、中国共産党による国家政権建設は成立後まもなく始まっていた。思想、理論、組織に基づき、またロシア共産党と綿密な連携をとりつつ、中国共産党が最も初期に政権建設に着手したのは江西を本拠地としたソビエト政権であった。一九三一年、中国共産党は江西において中華ソビエト共和国の建国を宣言した。国民党の包囲攻撃を受けたことにより、中国共産党はやむを得ず江西の北部へと逃れることとなり二万五千華里（一万二千キロ）の「長征」（長期遠征）を行った。これによって中華ソビエト共和国建設にも終止符が打たれることとなったのである。中国は、日本の帝国主義による侵略がもたらした国際・国内情勢の変化に直面することとなり、中国共産党は長征が終わると同時に重大な革命戦略の調整を図った。党の指導者は国家を救うために抗日民族統一戦線に任務の遂行を命じた。これにより、共産党の当初の政権建設構想は修正されることとなり、建設すべきは「労（「工」）農共和国」ではなく、「人民共和国」であることを明確に示すこととなったのである。「人民共和国」の中で、中国共産党が建設しようとしていた政府は、もはや労働者、農民および都市の小資本家階級連盟の政府だけでなく、そのほかの階級のうち参加を希望する民族革命分子をも含んだ。よって、中国共産党は広範な民族革命統一戦線と団結を打ち出し、団結の力によって強大な革命の勢力を形成できるとした。上に述べた統一戦線の中で、中国共産党は民主諸党派との提携の歴史を歩みはじめたのである。

毛沢東は、中国共産党が革命で勝利できたのは、以下の三大宝物によるとした。すなわち、党の指導、武装闘争、統一戦線である。統一戦線は実際のところ、中国共産党が生き抜き、発展するための道であると同時に、現代国家建設を担うものとしての鍵と考えられていた。統一戦線の理論的基礎は労働者と農民の連盟（「工農連盟」＝労農同盟）であり、労働者一階級が革命に勝利するために、必ず農民と小資本家階級など広範な革命的連盟の設置を強化していた。それは初期の中国共産党にとって、労働者と農民の連合を促進するばかりでなく、各種の積極的勢力統合、壮大化し敵を弱体化させるための戦略であった。しかし、中国共産党が「人民共和国」建国を構想した後、統一戦線は中国共産党の戦略にとどまらず、「人民共和国」建国のための重要な政治機構となったのである。

中国共産党は「人民共和国」の主張に関連して、現代資本主義的共和制の実践の複製品ではなく、ソビエト労働者（「無産者」）階級専制（執権、独裁）の踏襲でもない、中国を出発点に形成した国家政権建設構想とし、その具体的な構想設計をしたのが毛沢東である。毛沢東は世界中の多種多様な国家体制を、各政権の階級性の性質により以下の三種類に区分した。すなわち、（甲）資本家（「資産家」）階級専制の共和国、（乙）労働者（「無産者」）階級専制の共和国、（丙）

いくつかの革命的階級連合専制による共和国、である。[1] 毛沢東は、中国はソビエト連邦（以下、ソ連という）とは異なり、半植民地半封建的国家であり、丙のようないくつかの革命階級連合専制による共和国のみ適用可能であると考えていた。またこれらの革命階級の構成は当然国家の人民と考えていた。毛沢東は、「人民とは何か。現段階において、労働者階級であり、農民階級であり、都市の小資本家階級および民族資本家階級である。これらの階級は労働者階級と共産党の指導の下、団結し、国家を組織し、選挙で自己の政府を樹立するのだ。」[2] と述べている。毛沢東はソ連の方式を踏襲していなかったが、単一の階級統治による共和国の建設を行なっていた。政権組織のあり方としては、マルクス、レーニン以来の基本原則は適用し、西洋の議会制ではなく、全人民が国家権力を掌握する民主集中制、つまり人民代表大会制度を用いる。よって、最後に打ち出された国家は、中国特有のものといえる。国家の体制―各革命的階級連合による専制、政治体制―民主集中制である。毛沢東は以上のように設計し、そのように建設したのである。

これまで、中国共産党の指導による革命、建設した統一戦線の戦略と「人民共和国」建設の

1　毛沢東『新民主主義論』、『毛沢東選集』第二巻、人民出版社、一九九一年版、六七五頁。
2　毛沢東『論人民民主専政』、『毛沢東選集』第四巻、人民出版社、一九九一年版、一四七五頁。

構成は有機的統一を実現してきたといえる。毛沢東はかつて抗日戦争の際に新民主主義共和国を「抗日統一戦線共和国」と称した。このような統一が実現したのは統一戦線の戦略と「人民共和国」の構想がいずれも同じ基盤を出発点としていたためである。これこそが中国社会の構造といえるだろう。中国社会の構造の特徴は以下の二点に概括することができる。まず第一に、長期的な家族社会の伝統を引き継いでおり、中国社会に内在する分散性を備えていることにある。従来の帝国体制が解体された後、このような分散性が全面的に露出、拡散されるようになった。そのため孫中山（孫文）氏は、中国社会はまとまりがないと考えていた。

第二に、長期の農業社会の伝統を基にしており、中国社会の現代化に必要な現代的階級勢力が欠乏していることから、どの階級および社会勢力においても中国現代化という任務を受け、階級連合やそこから形成された社会の動員と整合的な協力を必須とした。このような社会構造において、革命を進め、現代化を建設するには動員、団結および整合一致が前提となる。そうでなければ、何事も成し遂げることはできなかっただろう。この前提のために、中国共産党および革命プロセスにおいて形成された各民主諸党派は緊密な政治共同合作関係を構築した。それと同時に、中国共産党は多党共同合作および政治協議制度を試み、社会のそれぞれの勢力の結集、国家制度体系を通じた効果的な統合を図ったのである。中華人民共和国の成立前、毛沢東は中国革命での経験を総結集させ、民衆の喚起が必要と考えた。その背景ロジックは、まさに統一戦線で建設した真の人民共和国である。毛沢東は民衆に「労働者階級、農民階級、小資本家階級、民族資本家階級よ、今こそ団結せよ。労働者階級の指導者のもと国内統一戦線を結成、発展させ労働者階級の指導による労働者と農民との同盟を建設し、人民民主主義の専制国家の基礎とせよ。」と喚起した。[1]

中国革命と国家建設の歴史において、統一戦線の行動主体は中国共産党である。しかしその歴史的使命と役割が向かうところは最終的には人民共和国となる。中国共産党の指導する革命および新中国成立以降の政治は重要な宝物であり、「人民共和国」の確立と運営にとっての内在的メカニズムであり、その所在の重要なことはいうまでもない。以上から「人民共和国」は中国政党制度の政治的基礎であり、当該政党制度は中華人民共和国に適合していると結論付けることができる。

二　基本的政治制度——中国政治協議制度の政治的方向性

党建国家の歴史と現実の理論に基づくと、中国が最終的に形成した国家体制は「党国家体制」であり、[2]党の指導制度、また国家指導制度を有機的に結合させ、共に中国政治生活および政治

1　毛沢東『論人民民主専政』、『毛沢東選集』第四巻、人民出版社、一九九一年版、一四七二頁。
2　中国の「党国家体制」にはオリジナルな特徴を有している。なぜなら、その国家政権の基礎が単一階級の

建設を決定したのである。

そのようなことから、中国の政治体制改革の本質は変革と完全化といえる。中国政治体制改革の綱領ともいえる『党と国家指導制度改革』の一文中では、鄧小平は党の指導体制と国家指導体制を結合させた思考を標準化することで中国政治体制を改革しようとした。①表面的に見れば、「党国家体制」は中国共産党が指導する中国革命と建設した体制の結果ととれるが、本質的には中国の伝統的帝国が現代国家へと転換した歴史の必然であり、歴史的必然性、現実的必要性を有しているととれる。「党国家体制」下では、中国政治生活の形成は一般的意味では、国家と社会の二元関係の二元的権力構造ではなく、政党、国家、社会の三元権力構造である。そのような権力構造において、国家の側面から制度を処理するのは、社会だけでなく、政党すなわち中国共産党次第ということになる。「党国家体制」において、政党は重要な役割を果たしたとしても、社会が依然として最終的な決定力をもつ。その理由としては、中国共産党の指導による革命と国家政権掌握の合法的基礎は人民民主主義にあることが挙げられる。人民民主統治ではなく、いくつかの階級連合による統治だからである。そのような原因から西洋の研究者が言う「党国家体制」とは簡単に同じとは言うことはできない。イタリアの研究者のサルトーリは「党国家体制」を分析し、比較的に西洋の研究者の代表的観点の典型である。参考［伊］G．サルトーリ『政党与政党体制』、王明進訳、商務印書館、二〇〇六年版、六六―七五頁。

主義の根本的な要求は、党の指導者および国家権力の運営には必ず人民の根源的利益の保障と維持が欠かせないということにある。

人民民主主義が強化する国家とは人民による国家であり、政府は人民による政府であり、軍隊は人民による軍隊である。中国共産党は開国してまもなくこの政治ロジックを確立した。このことは中国共産党の指導的地位の獲得、指導する国家建設の歴史的使命を担っていることに示されている。最も重要なのは、どのようにして労働者を除く農民、知識分子および各社会階層の勢力を結集させるかである。それゆえ、中国共産党の指導者は各勢力の凝集した社会の統一戦線からの離脱が困難となった。この一件も中国共産党指導が「党国家体制」の中核であり、統一戦線の基礎となることを決定づけた。統一戦線は中国共産党の指導方針だけでなく、「党国家体制」の内在的な組織であるといえる。

「党国家体制」の最大の特徴の一つが、政党は国家制度運営の産物ではなく、逆に国家が政党建設の結果ということだ。この特徴の根源は、党が国家を建国したという政治的ロジックに基づいている。中国共産党は武装闘争により政権を奪取するにとどまらず、統一戦線において政治資源および社会基礎を勝ち取った。それらを足がかりとして最終的に国家政権を掌握した。このプロセスにおいて、中国共産党は効果的な軍隊指導により武装闘争を進めると同時に、統一戦線の政治闘争の指導も進め、新社会、新国家建設のために尽力したのである。このような政治闘争において、中国共産党とその他政党は共同合作関係を築いた。この共同合作のうち、中国共産党と国民党の共同合作は最終的には失敗に終わったが、各民主諸党派の共同合作は最終的な成果として中華人民共和国建国へと至ったのである。中国共産党が建設した党派共同合作関係と政治協議制度体系は、まさに共産およびその他の党が共に国家建設するための政治実践中に形成されたものである。この方面から捉えれば、中国における「党建国家」の実践は「一党建国」ではなく、「一党指導、多党共同合作」による建国であると言いうる。つまり、多党共同合作の構成は、国家制度運営において形成されたのではなく、「党建国家」の実践において形成されたのである。

近代以降、中国革命は二大革命党を形成してきた。中国国民党と中国共産党である。この二つの政党は明確なイデオロギーに基づいた建国構想を有するだけでなく、いずれもイデオロギーのために奮闘する軍隊を配備していた。この二つの政党はイデオロギーが異なるため、中華民族の前提と命運の問題において異なる政治主張を形成し、対立および闘争が生まれたのである。中国の各民主諸党派はまさにこのような政治実態の中で生まれ、そして成長してきた。個別政党の軍事力を除き、それらは一種の政治力として出現しただけでなく、政治的立場上においても国共二党間に置かれることとなったのである。よって、歴史上、これらの党派勢力は中国政治の「中間勢力」とみなされることとなった。こうして中国共産党が形成され、中国国民党および民主諸党派による「中間勢力」が結成され、三方共存が構築された。当該構成は抗日戦争が勃発した後に出現したものである。抗日戦争終結後、三者は共闘し、未来の中国の鍵となる政治勢力となったのである。政権建設上、中国共産党と民主諸党派の制度的共同合作は抗日戦争の時期の根拠地での政権の建設にあった。これこそが歴史で名を知られている、いわゆる「三三制」である。各級政府機関の構成人員比率を中間・共産党・国民民主諸党派で三分の一ずつとするものである。当時の歴史的条件下では、当該実践の意義は統一戦線にあるのではなく、中国共産党の世界に向けた公表にあった。中国共産党が追求しているのは、一党専制や一党制度ではない。共産党とその他民主諸党派の勢力を共同合作し、形成した「いくつかの民主階級連盟」による連合政府の樹立にあった。中国共産党は、当該政府とソ連の「労働（「無産」）者階級専制の社会主義国家は、原則上では異なる」。[1]と考えていた。そのようなことから抗日戦争が終結した際には、中国共産党は非国民党の一党独占を打ち出し、各党派は共同で連合政府の主張に参加することとなった。つまり、中国共産党にとって、多党共同合作は国民党一党執政（独裁）に対抗する産物というだけでなく、当時のソ連の一階級、一政党というモデル制度を克服する選択となった。

1　毛沢東『論連合政府』、『毛沢東選集』第三巻、人民出版社、一九九一年版。

抗日戦争が終結を迎えると、中国共産党は平和的建国のために国民党と交渉中に各党派との政治会議の開催を提案し、民主連合政府を建設した。国民党側はこの会議を「政治会議」と位置づけ、政治的強度があまりに大きいことから、「協商」（協議）の二文字を加えた。そこからこの会議が「政治協商会議」とされたのである。「政治協商会議」はこうして中国に出現することとなった。

今回の「政治協商会議」は、一連の平和的建国に関連する政治成果を形成したものの、これらの成果は後々空証文となってしまったのである。中国はこれにより全面的内戦が勃発することとなった。内戦に最終的に勝利するために、中国共産党は国民党に対して軍事攻撃を仕掛け、また政治においても積極的に各民主諸党派の団結、強化および各党派との共同合作を図るようになった。戦場で決定的な勝利を収めたのを皮切りに、中国共産党は一九四八年五月一日に再度、各民主諸党派、各人民団体および社会人士が参加する「政治協商会議」を開催し、偉大なる建国事業に関して協議し、民主連合政府の政治的主張を固めた。一年後、建国の使命を担った「中国人民政治協商会議」が開かれたのである。これまで主張していた政治協議会議とは異なり、今回の「政治協商会議」では政治的立場を分けず、蒋介石政権打倒をもって国民党の一党統治を終わらせ、民主連合政府を基本的な政治立場とした「政治協商会議」を立ち上げようとした。従って、この「政治協商会議」は共同政治を基に党派合作で形成されており、会議に参加している党派組織は延べ十四の党に及び、中には中国共産党も含まれている。会議の開催および新政権設立に伴い、中国共産党と民主諸党派も等しく国家政治生活レベルで制度的な共同合作関係を形成した。この歴史的プロセスからは、中国共産党であっても、民主党であっても西洋的な意味の政党ではないことが分かる。「彼らは中国で生まれ、育ったものである。」[1]彼らの中で形成された多党の共同合作関係は民主制度を基に運営されているのではなく、民主建国の需要を基盤としているのである。言い換えれば、中国共産党が合作した民主諸党派は、すべて中国共産党とともに開国・建設の途を歩んできた政党なのである。よってこの会議の後、いくつかの民主諸党派閥は彼らの歴史的使命が達成され、継承の必要性がなくなったと考えた。しかし、中国共産党は頑なに民主党派閥を留保し続けた。

というのも、階級が存在するならば、政党も必要となるためである。中国建国のための各革命階級連合の人民民主主義政権は、「人民民主主義統一戦線の政権」[2]であり、その基盤は必然的に多党共同合作でなければならなかった。加えて、このような共同合作は長期的なものであ

1　周恩来『発揮人民民主統一戦線積極作用的几個問題』、参考『人民政協重要文献選編』(上)、中央文献出版社、中国文史出版社、二〇〇九年版、一〇九頁。
2　『中国人民政治協商会議共同綱領』、参考『人民政協重要文献選編』(上)、中央文献出版社、中国文史出版社、二〇〇九年版、八〇頁。

る必要があった。中国共産党は当時、「中国人民政治協商会議」は、統一戦線組織である以上、多党の長期共同合作の組織形態を実践する必要があったといえる。[1] これらのことから、今日の中国に存在している多党共同合作の構成は、人々が調整した結果ではなく、中国革命および国家建設の歴史的産物なのである。中華人民共和国はこうして共同合作し、そして建立されたのである。このような共同合作が形成する制度配置は、中華人民共和国の組織化と発展を決定づけることとなった。本質的な部分からすれば、中国共産党の多党共同合作は、簡単な一党と八党派、指導と共同合作、執政と参加の問題ではなく、国家政権体系を強固なものにし、発展させるための問題と考えられた。その道理は極めて簡単、かつ重要であり、そして反復の価値を有していた。「多党共同合作、協議建国」が中国の「党建国家」の独自の形態であったと言える。これこそが中国「党建国家」の政治ロジックである。このような形態は中国の「党国家体制」を決定づけ、一党による党国家体制ではなく、「一党指導による、多党合作」という党国家体制にしたのである。以上のように「党国家体制」は国家が政党をつくり、政党が主導することを表明すると同時に国家を主導する政党が単一ではなく、指導の核心は多党連盟で、共同

1　周恩来『関于人民政協的幾個問題』、参考『人民人民政協重要文献選編』（上）、中央文献出版社、中国文史出版社、二〇〇九年版、三五頁。

合作政党の監督を受けることをも表明することとなった。中華人民共和国の建・開国の政治プロセスから捉えるに、この「政治協商会議」は明らかに立憲主義的会議の性質を有しているといえる。全国人民代表大会が具体的な憲法性を備えた綱領的文書『共同綱領』を飛び越え、中央人民政府組織法を通過し、選挙は中央政府の組織構成員をも選出する代役までも担うこととなったのである。

これらの事業は、中華人民共和国全体の制度の確立と国家建設の全面的展開に対し、しっかりとした政治基盤を提供した。最も重要視されたのは、中華人民共和国の政治合法性の確立が各階級、各党派連合が組織する人民民主主義の基盤に包括されていることであった。中国共産党は、人民民主主義の指導勢力に過ぎず、決定勢力ではなかった。また人民民主主義の指導勢力となったことで、その他民主諸党派の団結と連合が必要となり、大衆を一つにまとめることを求められた。したがって当該会議の誕生は中国共産党指導による多党合作および政治協議制度により中国の基本的政治制度と認識されるようになった。「党国家体制」にとって、この政治制度は党の指導と執政の合法性と関連しているだけでなく、国家および国家政権の合法性とも関連していることもその理由の一つである。

三　指導、共同合作および協議――中国政治協議制度の政治ロジック

中国共産党の指導による多党共同合作制度と政治協議（「協商」）制度は、中国の基本的政治制度であり、中国独自の政党制度でもある。当該制度に対する略称は、目下のところ多党共同合作制度と政治協議制度の二種類である。本書においては「政治協議制度」を略称として用いている。実際のところ、二種類の略称は当該制度が異なる層で形成されている概括と精査をしたに過ぎず、制度全貌を反映しているとは言い難い。例えば略称を「政治協議制度」とした場合、主として現代制度の理念を出発点としているため、中国政党制度が一党制ではなく、多党共同合作制であることが重要視される。また「政治協議制度」にすると、主としてその出発点を中国の政治形態とすることとなり、中国の特性や実際の政治機能を強調することとなる。よって、どのような概括であっても不完全であるということが理解できる。この不完全性は概念が不完全なことを表している。そのためこの制度の独自性は現代政治学の独立概念として概括することが困難なのである。中国の現段階での政府資料の中で、中国共産党指導による多党共同合作、政治協議制度は、中国の特色的な政党制度とみなされている。この制度の記述的表現からは、それが主として多党共同合作および政治協議の二方面を包括しているが中国共産党の指導そのものは含まれていない。「中国共産党指導」というのは「多党共同合作および政治協議制度」における限定用語なのである。ただ、この制度を運営の面から捉えれば、多党共同合作

であれ、政治協議であれ中国共産党の指導と執政からは離脱することはできない。それゆえ、中国共産党中央委員会（以下、中央中共という）の文書は当該制度の顕著な特徴として下記のように概括している。「共産党指導は、多党派合作であり、共産党執政は多党派参政である。」この概括中の「共産党指導」および「共産党執政」が中国政党制度に含まれていることは明らかである。以前に「党国家体制」は、「一党指導、多党共同合作」の「党国家体制」であると指摘したように、中国の政党制度は「多党共同合作および政治協議制度」を具現できないうえに、「共産党指導」だけを取り除き、「多党共同合作および政治協議制度」と用語限定することもできない。仮にそうだとしても、中国の党国家体制もまた一党による党国家体制の手中にあると考えてよいだろう。中国共産党は当初は一党による「党国家体制」ではなく、継続して各革命的階級連合の人民民主主義政権を強化してきたという政治的主張は十分な説得力をもっている。中国共産党はかつて当該制度について、「中国共産党指導下の多党共同合作および政治協議制度」と記しているが、中国共産党の理論の認識と実践が進むにつれて、その指導制度をもって当該制度の中国政治体系中の地位を上げようとしたのである。それだけでなく、今日の中国の政治実践および発展において、中国共産党は段階的に指導そのものを当該制度の中に組み込もうとしたのである。

これらのことから、中国の特色ある政党制度として、中国共産党が指導する多党共同合作と政治協議制度は一党指導、多党共同合作および全方位的政治協議の有機的統一を目指す制度体系となった。中でも中国共産党の指導は当該制度の政治規定性だけでなく、構成部分としてその指導も当該制度の結束と規範を求められることとなった。我々は指導、共同合作、協議のロジック関係を中国政党制度の政治ロジックとして示すことができる。それは、二方面より具現できる。一つは行為者間の関係であり、二つ目には行為そのものの関係である。

第一に指導、共同合作および協議の行為者関係である。指導の行為者は自然と中国共産党になる。多党共同合作の行為者は民主諸党派や各界の著名人となる。この三層の行為者が中国政治体系で安定した三角形の構成を形成し示したのである。下図が示すのは、この三段階の階層のうち、指導階層および共同合作階層の行為者数と関係が固定されていることである。このような指導と共同合作は党建国家の歴史的行動により形成された。ただし、第三階層の数と関係は、「人民政治協商会議」中のセクター組織による区分け等の社会組織構成の変化に伴い、変化が生じる。新生の社会勢力が一定の規模と影響力を形成するに至ると、単独で一つのセクターとなり、単独で自らの代表が「政治協商会議」に参加可能となる。ここで、人々は中国政治の「一」と「多」の独特な関係を目にすることとなる。当該関係は二方面を具現している。一つは「一党指導」と「多党共同合作」の関係である。この関係は確定的であり、その構成は歴史において形成された。その基盤は各階級、各政党の協議によって築かれ、共産党指導下で、連合は国家政権を掌握するに至ったのである。二つ目は、「一党指導」と「多元協議」の関係である。この関係は発展的なものであり、多元協議に主体的に参加している八大民主諸党派を除き、代表社会の多元的構成および多元利益の求める政治協商を利用しているセクター組織を含んでいる。この関係の基盤は人民民主主義、すなわち大衆の各階層、各団体などいずれも政治協議への参加において、各自の利益追求、共同の議論、政治方針などを表現する権利をもっている。顕著なのは「多党共同合作」とは一つの非開放的な構成であり、「多元協議」は、一つの開放的な構成であるということだ。前者は中国の「党国家体制」の安定性を保障し、後者は「党国家体制」の適応性と発展性を保障するものである。これこそが、中国社会が直面している社会構成の多様化、深刻化への挑戦という情勢において、安定かつ発展可能な大きな鍵となっていると考えてよいだろう。

第二に、指導、共同合作および協議の行動関係である。政治学において、指導、共同合作および協議はいずれも政治生活において重要な政治行動であり、政治体系の安定と政治生活の調整に直接関係してくる。中国政党制度は三大政治行動から提供される基本的制度をプラットフォーム（「平台」）にすると同時に、この三大政治行動として相互依存、相互促進の行動関係を確立した。言い換えれば中国共産党指導は有効性と合法性を備えており、「多党共同合作」および「多元協議」の基礎の上に築かれている。反対に、「多党共同合作」および「多元協議」

の安定性と秩序は共産党指導により政治保障を獲得した。とりわけ、共同合作は協議を創り、協議は共同合作を促進したのである。ここで指摘すべきは、政党制度において、これらの政治行動はいずれも相応の行動者が存在しているが、政治行動関係がもっている政治価値と意義は、行為者と政党制度そのものを超越し、直接政治体系全体に作用していることにある。この側面から捉えるに、中国政党制度が孕んでいるこれらの行動関係を支えているのは政党制度そのものであるが、中国政治建設、発展のすべての局面に影響を及ぼしているのは中国政党制度の中で生まれ、活発化してきた「協議」なのである。中国政治生活の重要な資源を開発することで、独自の民主的形態を創り出したのだ。実際のところ中国共産党の当時の自発的な変革や建設、また行動関係が中国共産党の指導と執政を調整、規範化していた。それにより、「一党」指導と執政に自発的に「多党共同合作」と「多元協議」の基礎を築かせ、さらに「多党共同合作」および「多元協議」の政治原則、政治規範から自らの指導と執政の組織形態、構成および行動形態を優良化させる。中国政党制度の政治ロジックは、当該制度が国家制度運営に関して、政党に対する要求を起点に配備したのではなく、中国共産党の指導による人民民主主義の実践の現実的要求を起点に配備したものである。また、当該制度は国家政治体系において「基本的政治制度」として、人民代表大会制度を実行する中で、留まることなく発展し続けている。

この制度は同時に政党と国家を支えることになり、従って開発は相応する中国政治の構築と発展に対して極めて高い戦略的価値をもっている。改革開放以来、中国共産党は留まることなく当該制度の政治的地位と法的基盤を強化するとともに、制度の「天然資源」である政治的協議の開発に尽力してきた。

四　政治協議――中国的政治協議制度の運用形態

これまでの分析から、中国政治の発展ロジックでは政治協議制度により政治協議が存在するのではなく、政治協議の実践があってこそ政治協議を育むことができたことを示している。つまり政治協議は外来のものではなく、内生的なものといえる。その政治的基盤は中国共産党の統一戦線の実践および人民共和国建国の実践にある。中国の民主主義の政治生活の重要な形態として、政治協議は中華人民共和国の中で生まれ、共に育ってきた。したがって、政治協議は生まれながらにして持っている四大属性がある。多方共存、協議（「協商」）共議、相互監督、栄辱共存（「栄辱与共」。栄光と恥辱の共存）である。政治協議にとって、この四大属性というのは一つとして欠かすことができない。一旦どれか一つでも欠けてしまうと、政治協議の成立は困難になる。前述したように政治協議は明確な中国的特色を備えているのである。

中国共産党は、建国の実践中に創立した「人民政治協商会議」（以下、人民政協ともいう）において政治協議という民主的形式を選択した。また一九四九年九月に開かれた「中国人民政治協商会議」において、中国共産党の指導による多党共同合作および政治協議制度を正式に確立させるために、自らの組織のプラットフォームと制度の基礎を獲得したのである。したがって中国において、政治協議の発展は「人民政治協商会議」組織と中国共産党の指導による多党共同合作、さらには政治協議制度の建設と発展によって決定される。この組織と制度の全面的な建設と開発は主として改革開放後である。これは中国全土における民主化のプロセスの始動と関連する一方で、中国社会の転換と発展に必要なより多くの政治資源による支援と関連している。一九八二年に成立した憲法の第一次条文は人民政治会議の性質、地位、作用などを規定し、そして同組織は憲法を根拠にさせた。一九八九年、中国共産党は堅固で完全な中国共産党の指導による多党共同合作および政治協議制度に対する意見を決定し、多党共同合作および政治協議の制度化への歩みを開始した。一九九三年に開かれた第八回「全国人民代表大会」会議の第一回（「次」）会議では、「中国共産党指導による多党共同合作および政治協議制度の長期存在および発展」を憲法に明記することで同制度を憲法準拠のものとした。これ以降、この制度は全面的な制度化、規範化、秩序化の発展段階へと進むことになった。それと同時に、このプロセスにおいて、中国共産党は同制度に含まれる「政治協議」の中国の民主化建設に対する戦略的価値に対する認識をより深めることとなった。協議および選挙を中国民主主義の二種類の重要な形式であるとの見方をするようになった。[1] この発展のプロセスにおいて、政治協議は国家政治生活の中でますます高い政治的地位に置かれるようになっただけでなく、すでに中国の民主化発展の基本的方向と中国の将来の民主主義の基本的形態となったのである。

中国政治協議制度の詳細な配置から見れば、政治協議は主として以下の二種類があるといえる。第一は、中国共産党と各民主諸党派の政治協議であり、第二は、人民政協による政治協議である。前者は主に多党共同合作の実践を起点に政治協議を進め、民主協議会、小規模での談和会、座談会などの形式を採択している。一九九〇年から二〇〇六年末まで、中共中央、国務院および委託関連部門が開く協議会、座談会、情報交換会などは二百三十回余にのぼり、中共中央総書記主催の会議は七十四回にのぼった。[2]

後者は、政治協議の実践を起点に政治協議を進めており、強度を増した制度化、規範化、秩序化さらに協議に参加する国民主体も一層豊かで多様なものになった。人民政協の政治協議は、民主諸党派が依然として重要な勢力であった。一九九〇年から二〇〇六年に至るまで、各民主

1 『中共中央関于加人民政協工作的意見』、参考『人民政協重要文献選編』(下)、中央文献出版社、二〇〇九年版、七〇三頁。

2 中華人民共和国国務院新聞辦公室『中国的政党制度』(白皮書)、二〇〇七年。

諸党派と民主諸党派成員の政協委員は、全国政協会議において合わせて二千四百件余の提案を交わした。そのうちの多くが、国家建設と発展に関する、問題にまで及ぶこととなった。[1]比較してみると、中国政治協議の主とした制度のプラットフォームは「人民政治協商会議」にあることが伺える。二〇〇四年に修正された『中国人民政治協商会議』規約も同様に、この角度から人民政協を定めている。

「中国人民政治協商会議は中国人民の愛国的統一戦線の組織であり、中国共産党指導の多党共同合作および政治協議の重要な組織である。我が国の政治生活において社会主義的民主主義を発揚する重要な形態である。」[2]

団結と民主主義は「中国人民政治協商会議」の二大テーマといえる。この二大テーマは一見すると賦与されたように見える。なぜなら、中国共産党の指導であれ、中国の国家建設であれ、

1　中華人民共和国国務院新聞辦公室『中国的政党制度』（白皮書）、二〇〇七年。
2　『中国人民政治協商会議章程』、参考『人民政協重要文献選編』（下）、中央文献出版社、中国文史出版社、二〇〇九年版、六九二頁。

いずれせよ「人民政治協商会議」がより多く、よりよい二大政治資源を生み出すことを望んでいるためである。しかしながら実際のところ「中国人民政治協商会議」は、協議の基盤づくりのために、民主主義と団結の方法をもって新中国を建国し、創立したのである。この二つの内生的テーマは人民政協の政治協議に対し二つの基本的使命を賦与した。その一つは団結の創造であり、社会の団結と国家の整合を創造することを指す。二つ目は民主主義の創造である。これは人民が主人となるよう実践することを指している。政治協議に基づいているために、この二大使命の実践は一体的なものといえる。民主協議による団結の創造と同時に、団結の基礎として友好的な民主協議を形成しているのである。

社会的団結と国家整合の基礎は利益の強調、民主的協議の使命であり、したがって各方面の利益表明と調整を担っているとも言える。中国の政治生活において、人民政協は一つの権力機構ではなく、告示された議論への参加を通じて利益追求を表明し、民主的監督を通じて執政党の行動と国家権力の行使とを規範モデル化することにある。なぜなら政策の決定に対して権威ある作用と影響をもたせることは困難を極めるからである。権力機構でなければ、権威の影響を受けた政策決定は不可能であり、人民政協会議の組織は十分な能力と資源によって利益関係の調整と均衡を保つことはできない。このような条件下において、政治協議も形式的意義だけでなく、実質的意義のある政治的効果を生み出すことができる。このような欠陥を克服すべく、近年中国共産党は政治協議の場を異なる意見や提案の表明、交流の場とするだけでなく、国家の政治プロセスにおける一つの重要な環状の節（リング）として、党と国家権力運用のプロセスに嵌め込み、非権力機構である「人民政治協商会議」の組織が国家権力の運用に対して権威ある影響を与えることを可能とした。

このことから、二〇〇五年、中国共産党は『関于進一方加強中国共産党領導的多党合作和政治協商制度建設的意見（一歩進んだ中国共産党の指導の多党合作および政治協議制度建設の強化に関する意見）』において、以下のように規定している。「政治協議は中国共産党の指導する多党共同合作および政治協議制度の重要な構成部分であり、科学的な民主政策決定の重要な環状の節であり、中国共産党が執政能力を向上させる重要な手段である。政治協議を政策決定のプロセスに組み込むことで、重大な問題は政策決定前、または政策決定の執行中に協議を行う、これが政治協議の重要な原則である。」[1]このような制度の配備において、政治協議は完全に「人民政治協商会議」の中核的機能となり、「人民政治協商会議」が有している民主的監督および国事議論への参政機能も政治協議機能により具現化することができる。同制度が配備され具体

1　『中共中央関于進一歩加強中国共産党領導的多党合作和政治協商制度建設的意見』参考『人民政協需要文献選編』（下）、中央文献出版社、中国文史出版社、二〇〇九年版、七六二頁。

的実践が始動しようとも、同制度は「人民政治協商会議」の全面的な開発において、重要な政治保障と制度支持を提供することとなった。上述した制度の配置を起点に、中国政治体系と政治プロセスを結合させ、その中で人民政協の未来の建設と発展については二つの領域、六大方面から政治協議資源を開発することができる。

まず、人民政協の内部運用が形づくる政治協議である。この領域のうち、政治協議は下記の三方面において具現される。第一に参加である。参加的協議を形成し、実質的にはそれぞれの関係主体が規則的に参加することで平等な政治権利を手にし、そこから多元的共存の局面を創造する。どのような参加であっても利益表明であり、よって参加そのものが政治協議なのである。これらを踏まえ党派とセクター別に組織形態と機能形態が規格化され、政協委員の役割の意識強化、政協内の各種組織の主体の完全な参加能力、健全なる政協参加のルートの強化が可能となった。

第二に国事議論である。これは対話的協議を形成し、その実態は意見表明、政策諮問、民主的評議など手段を通じて、公共政策の決定の民主性と科学性を向上させることにある。これによって、政協は健全でかつ完全な政協の各項目につき手段を表明し、国事を議論する組織と専門委員会の組織により政協内の各党派、各セクター、各委員会の利益を表明する。また公共政策決定に参加する機会、能力、影響力を強化できる。第三に共同合作である。共同合作的協議の形成である。実質的には党派間、党派とセクター別組織間、党派と政府間の連合研究、政策協議および合作統治、執政、参政の有機的統一の形成、執政の維持である。以上により、政協は各種連携、交流組織、提携プラットフォーム、党派間の疎通、党派と政府間、各種境界との垣根を取り払う。

続いて、政協が政治プロセスに参加する協議の形成である。「重大な問題に関しては、政策決定前と政策決定の執行中に協議を行う」という政治協議原則に基づき、人民政協は必然的に党と政府の公共政策の制定プロセスに参加することになる。いわゆる政治プロセスというのは、政治システムが民意を吸収し、利益を表明し、政策および法律の制定、社会統治と発展の推進、そこに関係する自身の合法的な基本行動のプロセスを維持することを指す。これが政治体系と社会体系との相互作用のプロセスであり、また権力と利益の相互作用、政策決定とフィードバックプロセス、政権の有効性と政権の合法性の相補的プロセスである。このプロセスにおいて、政治協議は公共政策そのものを取り巻く。政党、国家および社会間の関係、利益表明と資源配分の関係、民意と民主間の関係、さらには執政の合法性と有効性との関係、つまりその効果を発揮することは、人民政協そのものに関連するだけでなく、政治体系全体にも影響を及ぼすということである。この領域の中で、政治協議はさらに三方面で具現化されるのである。その一は、利益を調整した協議、すなわち政策決定前の協議である。関連する利益を政策策定のプロセスで調整する。以上のような協議は主として利益表明と展開との調整を指す。政協は執政党との橋渡しの役割を担い、政府と政協各党派、各セクター別の連携ルートと機構の構築を行う。最大限度まで多元的利益と意思表明を開放すると同時に、執政党と政府の政策策定を政協に向けて公開、さらには関連組織とその代表が政策策定のプロセスに参加することとなる。その二は、政策諮問的協議、制度化した民主的監督、公共政策決定の段階において、報告、ヒアリング、情報公開など、具体的な公共政策において政策諮問的な協議を形成する。上記のような協議の主な関連政策の公共性、民主性を踏まえ科学的に展開する。よって、政協は政協を強化するための民主的監督体系を通じ、公共政策決定の規範化、執政中の報告、公聴、情報公開の段階と方式をもって、政策を優良化すべく諮問的協議を行い、協議の範囲と有効性の向上を図る。その三は、民主的協議の執政である。すなわち党派が国の事業に対し全面的に意見を述べ、国家統治に参加、共同合作し、さらに多党共同合作統治の民主執政という局面を創り出す。このような協議に係るものは主として、党派の共同合作、提携統治および提携参政を展開する。政協はそれ自身のプラットフォームと組織を通じて、執政党と民主党派間において密接な意思疎通と連携を図る。また党派が執政党と政府の重大な事業に対して豊富な意見表明や参加へのルートと形式の連携を図るということだ。

実際には、政協そのものの運用により形成される三大方面の協議は、政協が政治プロセスに参加することで形成される三大方面の協議と相互に対応し、作用しあっている。しかし、お互いが代わりを務めることはできない。前者は主に、政協制度のロジックから成り、後者は「協議が政策決定の前、あるいは政策決定中」の政治ロジックによる。なぜなら、前者の協議の完全化は、政協自身の制度構築と組織構築で実現され、後者の協議の完全化というのは、主として政策決定と統治の順序、組織の完全化により実現するためである。このことは未来の中国の発展において、政治協議が人民政治、中国共産党指導の多党共同合作と政治協議制度の構築に懸っているということだけでなく、国家政治プロセスの民主主義と法治建設プロセスにおける完全化と発展によって決まることを意味している。ただし、政治協議が国家政治プロセスに組み込まれるのに伴い、人民政協は一種の政治協議の組織として存在するだけでなく、中国共産党の指導の多党共同合作および政治協議制度も同様に一種の政治協議の制度として存在している。それらはいずれも国家権力の運用全体の重要な環状の節である。よって持つべき権威基盤と実際の権力資源を獲得したという、この一点は肯定的に捉えていい点といえるだろう。

五　協議政治——政治的協議の中国政治発展に対する貢献

中国政治協議制度は中国独自の政治生活形態として創造された。一党指導、多党共同合作、多元協議の三者の有機的統一である。実践において、このような政治生活形態は中国政治発展が直面する二大挑戦に効果的に対応してきた。一つは、社会の多元化発展の一元化指導に対する挑戦であり、もう一つは経済市場化の中国の現行の民主的方式に対する挑戦である。前者に対しては、中国政治協議制度は健全な多党共同合作を通じ、多元的協議によって社会の多元化発展と一元的指導との間の緊張を緩和させる。後者に対しては、中国政治協議制度は政治協議資源の開発と拡張を通じて、中国の民主主義の形式を豊かなものにし、選挙が中国民主主義の選挙の唯一形式でないこと、中国の民主主義の形式は選挙を除き、協議があることを強調する。当然、挑戦への対応は問題解決とはいえない。本当にこれらの挑戦における問題を解決するための鍵は、やはり中国政治協議制度の更なる発展、政治協議資源の開発にあるといえる。

ここ十年ほど、中国の政治協議制度の発展は、政治協議資源の開発面での努力は休むことなく続けられ、積極的成果も得た。政界であれ、学界であれ、いずれも政治協議に中国的特色のある民主政治発展の新たな空間と資源を見出したのである。よって、理論上では西洋から取り入れた「協議民主主義」概念は、瞬く間に政府の認可を得た。さらには、中国政治協議は西洋の「協議民主主義」であるとするものまで出てきた。あっという間に「協議民主主義」の概念は中国で広く流行することとなったのである。

中国の政治協議は確かに一種の民主主義の形式であるが、西洋のいうところの「協議民主主義」とは異なる。西洋の「協議民主主義」は間接代議民主制の制度的欠陥により生まれたものであり、公民の意見は議員による間接表明を除き、彼らの直接参加による意思疎通および協議が政策決定のプロセスへと入り込んでいく。その中で政府は公共政策の決定に可能な限り直接的に公民に奉仕するという理由で遠ざかり、離脱しようとした。まさに「協議民主主義」が西洋の政治生活より生まれ育ったものと同じように、中国の政治協議は中国の政治生活から生まれ育っており、その直接的な出発点は団結と連合にあり均衡（バランス）と協調の各方面の利益に存在している。

従って、当該制度が調整したものは主として階級と階層間、党派間、異なる社会集団と社会団体の関係などが挙げられる。中国が実行したのは人民民主主義であり、広範における人民の国家事業への参加であり、共同統治国家の人民が主人公となる政治生活を基本的使命とすることである。政治協議制度は人民民主主義の具体的実践である。ただし人民民主主義はより広範な人民の参加を満たし、その実践は政治協議にとどまらず、より広範囲に、より多くの領域に協議機構を構築することである。逆にそこから人民民主主義の実践と発展の協議体系の全面的サポートをするものである。よって、中国共産党は一九八七年の中国共産党第十三回全国人民代表大会において新たな協議組織の構築を提起した。社会協議の対話機構である。政治協議とは異なり、それは党派間の協議ではなく、党・政府と大衆間の協議である。その目的は政党と人民、政府と社会、幹部と大衆間に構築される良性なコミュニケーションルートの構築、それこそが協議機構である。一九九〇年代になると、協議の実践は政党間、政府と社会間、次第に次の一歩として社会団結、公民間など各種形式の公民協議へと発展した。協議は上層部から基層部へ、国家レベルから社会レベルへと歩みを進め、次第に国家レベルの政治協議、国家と社会間の社会協議、社会レベルの公民協議が構成する中国民主主義協議体系というものが形成されるようになった。

同体系はいまだ成長を続け完成化を目指す段階にあるが、少なくとも体系にとって協議は中国政治生活のうちの重要な軸の中心となっている。また政治の建設は政治的協議から協議的政治へと移り変わっているといってよいだろう。政治協議中に、協議が政治的需要の起点にあり、一定の政治目標を達成するために形づくられている。さらに、協議政治において、協議は政治生活の基本的原則であり、政治関係、政治プロセス、政治行動方式の規範である。中国の実践においては、協議政治は西洋の「協議民主主義」の政治実践に含まれているが、このような「協議民主主義」に限定されているわけではない。つまり、当該体系に含まれる西洋の「協議民主主義」が持ち得ない「政治協議」ということになる。協議政治の出現によって、中国は自身の歴史と現実を出発点に民主的成長を探求した。一種の政治建設を行い、その成長が国家全体の政治建設と発展の積極的な推進作用を生むのである。

当然、協議を政治生活の基本原則とし、中国独自の特色を鮮明にもった協議政治の創造、また協議組織の構築だけでは満足とはいえない。なぜなら全面的な民主協議の政治生活を創造する際には、良い制度だけでなく、良い公民が必要とされるからである。よって、継続した各種商議機構、協議体系の完全化を除き、さらに国家の憲政体系の完成化、社会組織体系の健全化および公民協議精神の確立などが必要とされる。明確なことは中国がこれらの方面に対してやや距離のある場所におり、更なる努力が必要とされることである。ただ政治協議をもとに進められる中国協議政治は、中国政治が発展するために重要であることは言うまでもなく、しっかりと把握し発展させる価値を有している。

第四章　社会的協議と社会建設

中国の社会建設においては党の指導による独自の効果が求められる。また党の指導には社会建設を推進していく力が必要であり、国家建設と社会建設に基づいた全面的革新と社会協議を党の指導する革新と発展に据えることで、新たな空間と活動の場を提供できるだろう。反対に、党の効果的な指導が支える社会協議は、社会建設を主導し推進していく重要な力となるだろう。
社会協議は同時に政治建設と社会建設の任務も担うこととなる。その重点とすべきは社会協議体制と組織の確立ではなく、社会を育て、社会統治体系を構築し、また党と政府が社会管理の配備組織と共同合作の力を推進することである。

協議は人類生活における最も基本的な理性的行動であり、通常の状況下においては人類の生活の様々な方面、各領域において具現化している。異なる領域の協議と区別するため、人々は日常的な領域を起点に軍事協議、ビジネス協議、社会協議、政治協議、国際協議などに挙げられる協議の境界を定めてきた。ただ、我々の研究してきた社会協議において評価すべきは、社会生活領域の協議、主として国家と社会間に在り、国家と社会との関係、政府と民主主義との関係の平衡（バランス）を保つことを目的とした協議民主主義という点である。中国の政府関連の文献上、その起源は、十三大報告において示されている社会協議対話制度にある。同報告において、「正確な処理と協議とは各種異なる社会内の利益と矛盾の調整であり、これは社会主義という条件下での一つの重大な課題である。各級指導機関の業務は、大衆の意見を傾聴する基礎の上でのみ実際に対応でき、失敗を避けることができる。指導機関の活動が困難に直面した際にも、大衆を理解することこそが大衆からの理解を得ることにつながるのである。大衆の要求と声には、必ずやしかるべきルートを通りその声の反映された、提案をする場、意見を述べる場が必要なのである。当該集団と別の集団の間で、具体的な利益や意見は全部が全部同じではないことから、相互のコミュニケーションの機会とルートが必要となる。よって、対話の制度形成に対して社会協議は迅速に、正確に大衆の気持ちを上層部へ、上層部の意向を大衆へと相互に伝え、相互に理解し合うことが必要とされる。」明らかなのは、この社会協議の対話制度の主な配置は国家と社会、政府と民衆間の協議対話を指しており、社会生活における協議対話というのは極めて限られた部分に過ぎない。十三大以降の中国発展の実践は、中国の発展がより深くなるほど、このような社会協議の対話が必要になる。よって、社会協議は十八大で提出された社会主義的協議民主制の今日について、社会協議は社会主義的協議民主制度の建設において必要不可欠な構成部分としてだけでなく、中国の社会建設および社会管理に中心的な役割をも担っているとされる。十八大報告は「社会協議」の概念については明確に述べていないものの、健全な社会主義的協議民主主義制度にとっても、中国の社会建設および社会管理にとっても、その存在と発展は内在的な必然性をいずれも備えている。中国共産党第十八回中央委員会第三次全体会議においてはさらに一歩進み、協議民主主義を広範な多層に及ぶ制度として発展させていくことが挙げられた。「手続が合理的で、節々の完全な協議民主主義体系を確立し、国家政権機関、政協（政治協議）組織、党派団体、基層組織、社会組織での協議ルートを開拓し広げる。高度な立法協議、行政協議、民主協議、参政協議、社会協議の実施。」本章は社会協議の理論ロジックを起点とし、社会管理と社会統治を区別し、中国社会建設の戦略配置およびその中で社会協議が及ぼす重要な作用について述べる。

一　秩序――社会管理および社会統治

人の生存と発展を考えた際、秩序は空気のように、根本的であり、そして最も重要である。人類の偉大な点は、秩序に適応し、秩序を認識し、そして秩序を理解できるだけでなく、さらに新たな秩序を創造し、発展させることが出来ることだ。秩序は人類の文明を成長させるための枢軸といっても過言ではないだろう。人類の文明の業績は、秩序を尊重する点にではなく、創造した秩序をロジックの起点にする部分だ。

運動は生命の本質である。運動があると、交流がうまれる。よって交流は生命が存在していくための根本的な形式なのである。一つの自然体として、人類がまず交流するのは自然ということになる。そこで、自然の秩序は人類が生存し発展していくために最も重要な秩序なのである。一つの社会体として、人類には人と人との交流が自然と必要となり、そこから社会秩序が形成される。人と自然の交流は人の生産活動を育む。人と人の交流は人の社会生活を育む。マルクスは言う。生産はすでに決定していることなのである。では、どのような生産があれば、どのような生活が形成されるのだろう。「個人が自分の生活をどのように位置づけるかによって、彼等は自分を位置づけている。」[1]人は生産と生活において築いた一切の関係を総合し、生きていくための社会を構成しているのである。つまり人と社会には共通して内在的な一致性がある。人は全ての社会関係を総合し、同時に社会は人の全ての関係を総合しているのである。このような関係は、人と自然の関係を包括しているだけでなく、人と人との関係をも包括して

1　マルクス・エンゲルス『徳意志意識形態（節選）』、『マルクス・エンゲルス選集』第一巻、人民出版社、二〇〇八年版、六七―六八頁。

いるのである。

社会は疑いなく、一つの秩序空間である。その基礎は人の生産と生活であり、自然の秩序と社会の秩序との有機的融合を具現化している。異なるエスニックグループの言語、信仰、習俗、礼儀などはまさに融合の産物である。個人を定め、エスニックグループを維持し、生産を創造し、文化的作用を構築する。[1]人の生産と生活は、秩序を渇望し、さらにその渇望を拡大させる。秩序と拡大は人類の生命にとって本質的な要求なのである。人の拡大に対する追求は無限であ

1　英国著名社会学者のアンソニー・ギデンズは「社会システム」という語を用いて、このような秩序を概括している。彼は『社会の構成』において、『構成化』の理論について論述する際、類似した論証理論を提供している。ギデンズは、「社会理論の根本的問題、つまり「秩序問題」は明解に解釈すべきものであり、人々はいかにして社会関係が時空を飛び越える「伸び」の力を借りて、個人の「その場にいる」という局限性を超越するのだろう。」つまりギデンズはさらに一歩進んで、「全ての社会系統は、たとえどれほど広大だとしても、日常の社会生活の慣例を体現し、人の体の物質的な部分と感覚的な部分を仲介し、これらの慣例が逆に社会系等を具現化しているのである。」、この「構成化」理論ロジックにおいて、ギデンズは社会構成と秩序は人々の日常生活において形成されており、このような構成と秩序こそ、人の時空における位置と役割を決めると考えている。どのような社会でも一旦このような秩序系統ができれば、人の生産と社会生活もまた正常に進められ、人と社会もそれに伴い継続されていくのである。参考［英］アンソニー・ギデンズ『社会的結構：構成化理論大綱』李康、李猛訳　生活・読書・新知三連書店、一九九五年版、一〇一―一〇二頁。

り、無限の追求からすれば、秩序は限定された力といって良いだろう。

秩序と発展の均衡を保ち、相互促進的な関係を築くため、人類は自然の秩序と社会秩序を出発点とし、全体の秩序と発展の均衡を保つ公共の勢力（パワー）を構築した。すなわち、これが国家である。エンゲルスは、国家は社会に由来するが、同時に社会勢力を上回る。またその使命は人類の生産と生活の発展を追求するのに伴い生じる衝突を秩序の範囲内で制御することと述べている。[1] 一方では人類が依拠している社会の解体を避け、もう一方では社会が包括する各方面の勢力を可能なところまで発展させるのである。国家はこのような原因から社会に伴って生じるのである。

前述したことから見るに、国家は社会の産物であり、社会がなければ、国家もない。国家の使命は社会秩序を維持することであり、社会の発展を保障することである。しかしながら、国家は社会的要求の産物であり、社会を決定するが、ただし社会を超越する力を発揮して初めて効果を発揮する。これは国家は往々にして奴隷的社会の勢力として疎外させているのである。このような隷属状態で、国家権力を掌握する統治勢力は、自身の意思を国家意思へと転化させ、社会を強行支配し、社会に内在する秩序に異変な事態を発生させ、自己を調整し管理する機能

1　エンゲルス『家庭、私有制与国家的起源』、『馬克思恩格斯選集』第四巻、人民出版社、二〇〇八年版、一七〇頁。

の深刻な喪失へと社会を追い込む。人類の文明史での発展は一度ならず証明している。全体主義専制の国家統治は社会を粉砕するだけでなく、国家そのものを破壊してしまう。ゆえにすべては正常さを失い、放置しておいても長くはもたないことを証明し、表現してきた。[1]エンゲルスは、国家は文明社会であることを以下のように概括している。[2]それは基礎としては強靭であるが、消極的一面も持ち合わせる。

ただ積極的な角度から述べれば、国家は秩序と発展の追求により形成された偉大な創造であり、秩序の力だけでなく、発展の力でもあり、その基礎は社会である。国家の使命は社会を保障し、社会の進歩と発展を促進することである。またどのような社会の進歩と発展においても社会秩序体系の革新、社会建設の深化が必要である。つまり社会建設は国家に内在する使命であり、合理的な社会秩序の体系を創造することであり、人と社会の共同発展を保障することである。[3]一般的な歴史の発展において、古代であれ現代であれ、また君主制政体であれ、民主共

1　古代ギリシアの思想家アリストテレスは、政体は常態と変態に分けられ、その基準は国家全体の人民の共同利益を考慮し、優良な生活を創造するかによると考えていた。［古代ギリシア］アリストテレス『政治学』、呉寿彭訳、商務印書館、一九八三年版、一三二―一三四頁。

2　エンゲルス『家庭、私有制与国家的起源』、『馬克思恩格斯選集』第四巻、人民出版社、二〇〇八年版、一七六頁。

3　秩序は社会の根本となるものである。社会が発展するいかなるときも、社会秩序を構築することは社会建

和政体であれ、国家は現実的な社会を出発点に社会にその効果を発揮させ、国家の地位を保障し、国家作用の関係性を発揮させようとしてきた。中国は伝統的な帝国を慣例に、それが君主制国家であったとしても、国家統治の道はその初期から非常にはっきりとしていた。国家は家族が集まり形成され、「民は惟《こ》れ邦《くに》の本なり、本固ければ邦寧《やす》し」（国民は国の根本である。根本がしっかりしていれば、国は大丈夫だ。）。つまり国を治めるには根本を守らなくてはならない。唐の太宗がこれに基づき悟った統治の道とは以下のようにである。

「国を治むると病を養うとは異なるなきなり。病人は愈ゆるを覚えて、弥《いよ》いよ須《すべか》らく将護すべし。

設の根源と出発点である。フランシス・フクヤマは次のように述べている。「後期産業社会に直面したことにより招いた社会の大分裂は、社会秩序の再建を明確化させることとなった。」彼は「一つの歴史的段階にある社会規範を技術の進歩と経済の発展に適合させようとすると混乱がおき、またすでに変化が発生した状況下で、社会は再度自身を規範化し、奮い立たせるが、合理的規範の形成は自動的なプロセスではない。」、それには社会行動が必要なだけでなく、政府の働きも必要となる。個人とコミュニティー分散の相互作用を通せば、社会秩序は簡単に再建できるものではない。社会秩序の再建にもやはり公共政策を通さなければならないのだ。このことは、政府側が行動を採択する、または採択するには及ばないということを意味している。」参考［米］フランシス・フクヤマ『大分裂―順類本章与社会秩序重建』劉榜離ら訳、中国社会科学出版社、二〇〇二年版、一三頁、三四〇頁、三四一頁。

若し触犯するあらば、必ず命を殞《おと》すに至らん。国を治むるも亦然り。天下稍《やや》安ければ、尤《もっと》も須らく兢慎すべし。若し便ち驕逸せば、必ず喪敗に至らん」。（現代語訳＝国を治める時の心構えは、病気を治療するときの心掛けと同じである。病人というのは快方に向かっているときこそ、いっそう用心して看護にあたらなければならない。つい油断して医者の指示を破るようなことがあれば、それこそ命取りになるであろう。国の政治についても同じである。天下が安定に向かっているときこそ、いっそう慎重に対処しなければならない。そのときになって、やれ安心と気持をゆるめれば、必ず国を滅ぼすことになる。）[1] つまり、国がどれほど強靭であろうとも、社会の代わりを務めることはできない。実際に社会の力を失えば、国の力はさらに大きくなるが、それだけですべてを支えることは難しい。

仮に、国家が社会と共同してその作用を発揮した場合、国家は社会の力を借り、さらに大きな力を発揮することが可能となる。これには国家の運営に、社会に内在する秩序の相互協調、社会そのもののもつ役割効果の充分な発揮、また社会の協調と発展の促進が求められる。強大な国家は、この方面に対して前向きな功績を残している。

しかし、現代社会以前は、人の独立と自主性は限定されたものとなり、人の生産と生活によ

1　呉兢編纂『貞観政要』、第一巻、論政体二。

り形成された社会では国家に対する自主性を形成することはできなかった。このような状態下で、国家と社会間の関係は内在する制度の配備が欠落し、往々にして統治者の意思によって決まっていた。現代になり、人の主体的地位が次第に確立されるようになると、社会は真正の決定的な国家勢力となり、安定した自主的地位を獲得した。よって民主主義の条件下で国家と相対的な独立関係を形成していくのである。市場経済は社会の独立性および自主性により、相応の経済基礎と制度条件を獲得させるものである。社会は国家に対して相対的に独立しており、それは同時に国家が社会に対して前衛的である。[1] 国家と社会は二元構造であり、社会の独立性と自主性に制度的な保障を与える。そこで、社会の自己組織を具現化し、自己管理と自らサービスする社会的自治は現代国家が備えるべき基本的要素といってよいだろう。現代化および民主化を背景に、社会を建設する勢力というのは、国家を除き、社会そのものであり、一定条件下では社会勢力の役割効果の発揮は基礎的で根本的なものになる。この国家と社会の二種類の力を社会建設において区別するために、我々は国家の角度を起点に国家権力による社会秩序の

1　具体的に国家が社会を統治および管理するとみなし、必ず特定の集団の利益追求、または社会全体の利益を起点とし、最大限社会の需要を満たすことに努めるのである。参照、王滬寧主編『政治的邏輯』、上海人民出版社、二〇〇四年版、一五一―一五八頁。

構築に努め、これを社会管理とみなす。逆に、社会の角度を起点にした場合、社会そのものの力で社会秩序を構築するよう努めることで社会統治とみなすのである。

二者の起点は異なるが、それらは実際の運営上、お互いに切っても切り離すことができない。言い換えれば、社会管理であろうと社会統治であろうといずれにせよ国家と社会の提携を内包している。ただし各々の理論は異なる。よって、社会管理および社会統治は完全に相互に提携することができる。

これは、国家勢力に依拠した社会管理と社会勢力に依拠した社会統治を区別するために、現代化していく中で人々が生産と生活で自ら社会統治する必要があり、それはどのようなときでも国家勢力と社会勢力が共にその効果を発揮することを必要としているからである。以上のことと現代化の条件下で、人の生産と生活は以下の三つ巴の対立の統一状態に置かれ、密接な関係にある。その一つは独立と依存の対立物の統一である。現代化は、一人ひとりに独立した自主発展の空間を創造し、人々は郷土から離脱するだけでなく、伝統的な家庭像からも離脱することとなる。このような自由は、自然と家族共同体が提供する生存保障の喪失を前提としており、よって自由を獲得すると同時に政府が提供する社会保障への内在的依存が生じ、否応なく政府の一定の規範と制限を受けることとなる。二つ目は多元と一体の対立の統一である。市場化および個別化に伴い生じることは社会利益の多元化、分化である。多元化はすでに現代社会発展の基本的特徴となっている。しかしながら、このような発展を維持継続し、一定の条件化で社会に活力と創造力をもたらすことができるのは、それが現代国家の一体的な構造の中で展開されているためである。創造の一体化は現代化国家の基本的使命であり、主権、憲法、制度、市場および認識の一体化を具現している。国家建設では維持と一体化した現代国家体系の創造は不可能であり、社会の多元化は国家を分裂と解体する勢力となる可能性を秘めている。三つ目は世界化と現地化の対立の統一である。二十一世紀を迎え、市場勢力は日々強大化するインターネットの勢力が加わり、各国家と社会はグローバルシステムへの参入が不可避となり、それらの生産と生活の多くの領域がグローバル化し、グローバルシステムの構成要素となることもあれば、グローバルパターン化する場合もある。グローバル化に抗うことはできないが、完全なグローバル化は恐らく特定の国家と社会に内在する独立性と生命力を喪失させることとなる。よって、グローバル化に順応すると同時に、各国はみな現地資源の維持および開発に努め、国家の民族的特性、文化の力および制度の優勢の維持を以て、特定民族のもつ創造力と貢献力の奮起を促すのである。

このような三つ巴の対立を統一することにより、人々は社会だけでなく国家が必要となる。社会であれ、国家であれすべての行為に対して対象者に効果的な行為が前提となる。このことは、新たな生産と生活秩序を創造する社会の建設を決定づけ、国家もしくは社会のどちらかに依拠した一方的な力、または一方の意思だけでは十分ではなく、現実的とはいえない。良好な社会秩序を創造し、さらに促進、発展させるためには、国家と社会は同時に依拠し、二重の意思、二重の力をあわせ、共同で努力していく必要がある。国家を起点に、国家は社会管理を通じて社会秩序を創造する。社会を基点に、社会は社会統治を通じて社会秩序を創造する。二者の力を合わせると社会建設の基礎および動力となるのである。社会管理とはまさに国家が法律、公共権力、政策、資源作用を基に形成してきた社会が創造するすべての社会秩序であり、国家は多極的に社会を組織し、社会に奉仕し、また社会のプロセスと行動を調整しなくてはならない。社会統治と社会管理との異なる部分は、政府がその中で影響力を発揮できるかどうかという点である。実際のところ、社会統治であれ、社会管理であれ、政府の効力は及ばない。ただし、社会統治における政府の役割というのは、社会のニーズに基づいて形成されるものである。また社会管理における政府の役割は主として、国家あるいは政府が社会の発展要求に対応して形成されるものである。

ここで指摘すべきは、英文からみた「治理（原文）」(governance) と伝統的に言われている「統治」(government) の違いはそれほど大きくないが、このことはそれらが本質的に必要とする政府の実現と関連している（日本語の解釈はどちらも統治。「治理」には管理などの解釈の意もある)。統治（「治理」）は政府から離脱できないが、必ずしも「統治（「治理」)」の枢軸が政府にあるわけではない。現代政治のロジックからみると、統治の枢軸は完全に社会ということができる。その理由は以下の三つである。その一は、民主主義の条件下において政府の統治権力は社会的民衆の授権を基に形成されており、必ず社会の意思を尊重しなくてはいけない。その二は、市場経済の条件下で、市場が社会に自然的に資源を配備し、さらには生産能力の創造を賦与する。市場の体制および法則は政府にとって尊重の対象になっている。その三は、現代の財産権の構造下において、生産を組織しているのは政府ではなく、社会である。つまり社会は富(財産)を創造する主体になりつつある。政府の財政は、社会が政府の保障とサービス(業務)を購買することによって形成される。前述の三つの理由により、社会は政府の管理を受け入れると同時に自らに内在する需要と意思を起点とし、政府に対して相応の保障とサービスを提供し、社会統治をそれにより形成するのである。統治理論の代表的な創始者の一人であるジェームズ・ローズノウ（J.N.Rosenau）は「明らかなことは、統治は多くの人々が受け入れる（または少なくともその影響をうけた最も権勢のある人々が受け入れる）ことで、はじめて規則体系の効力が生じることだ。しかし、政府の政策はたとえ普遍性のある反対にあったとしても実施できる。……このようなことを鑑みるに政府の無い統治というのも可能ではある。その場合、我々は規制組織を構想しさえすればよい。それらが正式な権力を賦与されなくとも、その活動領域内で効果的にその機能を発揮しさえすればよい。」[1]

社会統治の現代的意義およびその重要性を強化すると、少なくとも社会管理の必要性と意義を否定することはできない。これは、人類が文明時代に突入して以来、国家と社会が変わらずに相伴い、成長してきた（原文「相伴相生」）。現代化はこのような「相伴相生」は各自の自主性に入り込み、さらに相互依存した理性的な状態にさせる。つまり、生産と生活秩序を創造するプロセスにおいて、それらは終始ともにその効果を発揮している。国家を起点とした社会管理は、社会の参加と支持なしにはあり得ない。同時に社会を起点とした社会統治は政府の参加と主導性なしにはいられない。このような双方向的な運動があってこそ、複雑な社会構成のなかで人々の生産と生活を満足させることができる。また発展段階にある友好的な社会秩序の調整が可能となる。前述の双方向の運動が共存し、合成させるための内在的機構こそが社会協議なのである。

二　協議——社会建設の枢軸機構

中国共産党の十三大では「建立社会協商対話制度」（社会協議対話制度の設立）の役割が提

1　ジェームズ・ローズノウ主編『没有政府的治理』張勝軍、劉小林ら訳、江西人民出版社、二〇〇一年版、五頁。

出されたが、「社会建設」の意識と概念についての記述はみられない。十三大の報告は政治体制改革の一部分だとみなすと、主として利益表現およびコミュニケーションルートの開拓、日ごとに強烈な利益の分化、利益表明がもたらす圧力の緩和、民主政治建設の促進を目的としている。党の十五大において、法治国家の建設という大きな枠組みの下、「社会治安総合治理」（社会治安の総合整備）の概念が提起された。「総合統治」という概念は十四大の報告に由来し、国家組織は人民大衆との連合統治により、社会の治安を維持することを強調した。五年後、党の十六大において初めて「総合統治」、「社会治安総合ガバナンス」の基礎概念が提起され、「社会管理」、「民生」という二つの概念が、表記の上では政府の職能の範疇とされたのである。さらに五年を経た二〇〇七年、党の十七大報告では、初めて「社会建設」の概念が提出され、経済建設、政治建設、文化建設とあわせて「四位一体」の国家建設の枠組みが構成された。社会管理と民生改善は社会建設の主要な内容であり、政府職能の核心ともいえる。「社会管理」をめぐっては十七大に「社会管理各局」、「社会管理体制」および「社会管理体系」の三つが提起された。そのうち、「健全なる党委員会の指導は、政府に責任があり、社会的協同、公衆参加の社会管理各局」が中核であり、「社会管理体制」は基層に限定され、また「社会管理体系」については触れるにとどまり、具体的な展開をみせていない。十八大においては、より踏み込んだ社会建設の構想が進められ、まず「社会体制」の概念が提起され、次に「社会体制改革」

が全面的に改革検討課題として加えられた。続いて、「社会管理体系」建設の方向性と使命の全体的な枠組みを描いた。「特色ある中国社会主義の社会管理体系を構築するには、迅速に党委員会の指導、政府の責任、社会協同、公衆の参加、法治（法に基づく統治）保障の社会管理体制を形成する必要がある。また政府主導で都市と農村のカバー、持続可能な基本的公共サービス体系の形成、政府・社会の分離、権利と責任の明確化、法に準拠した自治の現代社会組織体制、さらに治理を原点にした、動態（変化する諸制度）の管理と応急措置とを結合した社会管理組織の形成を早める。」

また、十八大報告の中には、より多くの分野において「治理」（管理、ガバナンス）という概念が用いられるようになり、「国家治理」、「社区治理」（コミュニティ管理）また「全球経済治理」（全世界的経済管理、グローバルエコノミックガバナンス」などの概念が出現するようになった。「治理」という概念の運用範囲および領域からみれば、「治理」はより主体的な自治制を具現している。例を挙げれば、「国家治理」の主体は国家そのものであり、「社区治理」の主体は社区（コミュニティ、地域社会）そのものであり、「全球経済治理」の主体は依然として全球経済（全世界的・グローバル経済）そのものなのである。

上述のことを整理し、党（大会）の代表に対する報告文書を考察し、形成された歴史を分析すると、「社会建設」の意識、概念、役割および戦略体系上の形成は、中国改革開放の不断の深化に伴い徐々に出現してきたものなのである。このプロセスにおいて、市場経済がもたらした国家と社会との関係の深刻な変化により、民主的な法治（主義）がもたらした個人と社会の権利と利益の体系が次第に顕著になり、改革開放がもたらした国家建設の全面的深化と発展への重要な推進作用をもたらすこととなった。よって、十五大以降、第一回党代表大会の報告はいずれも「社会建設」の新たな認識、新たな提起や戦略に集中した。同発展プロセスからは下記のような趨勢が伺える。社会管理および社会建設の問題において、国家は段階的に一方向の行動から、国家と社会共同の行動を目指すようになり、その中には民衆、社区（コミュニティ）、社会組織なども含むようになった。十七大報告において「社会組織は、民衆が参加し、民衆が要求を反映する効果を積極的に発揮し、社会的自治機能を強化する」と明確に述べている。

しかしながら、客観的に述べても、現在までに社会建設は依然として国家主導の方式によって展開されており、社会そのものの主体的勢力となっているとはいえない。十七大の報告に比べ、十八大の報告は多くの「治理」の概念が見られるものの、全体の基本方針は依然として国家主導の社会建設なのである。中にはもちろん理論と観念の問題があるが、より主体に据えられているのは、中国国家建設の現実的ロジックがすぐには変更可能なものではないということである。今日の中国は、改革開放の発展により形成されてきた中国だけでなく、一九四九年以降の社会主義建設のロジックを基に形成してきた中国が深い背景としてある。新中国成立後、迅速に社会主義社会が開始され、現代化に向かって歩み始めると、国家は計画経済体制をすべての社会資源および社会勢力として国家体系に統合し、組織体制を人々の生産と生活の各方向へと展開している。このような統合は一方では社会の自己管理体系を制限し、自己のサービスシステムの機能を発揮する一方で、社会が自ら成長するプロセスを遮断し、それにより国家の単一勢力組織を形成し、生産と生活の局面の管理を行う。改革開放以後、党政の分離、政企分離および政社分離に加え、社会主義的市場経済体制が全面的に普及し、社会は新たな動力と空間、様々な社会勢力、社会組織および社会機構の育成を開始し、順を追って自主的地位と国家と政府の勢力に作用するようになる。ただ、社会成長が結集した勢力、組織、役割というのは、目下のところ国家主導の局面を緩和するには至っていない。しかし社会建設の方面において、主導者としての国家は、社会建設において社会の力、組織と役割の独自作用を発揮することを十分認識している。

実際のところ、中国は大国であり、巨大な規模、また複雑な状況下にあり、その発展も相応に不均衡な状態にある。改革開放期以降、中国は地方政府の機能を通じて、単一制国家構造の下、多様な発展の構造を創出したといえる。統一した中央政府と自主的な地方政府を有機的に結合することにより中国の全面的な進歩と発展が生み出された。[1] この成功の実践は社会建設へと拡

1　参考　張軍、周黎安編『為増長亦競争—中国増長的政治経済学』格致出版社　二〇〇八年版。本書に記さ

張され、統一国家主導と積極的社会が有機的結合の局面へとなんとか漕ぎ着たのである。これは、我々が国家主導と社会参加の結合を制限してはいけないというだけでなく、国家主導と社会参加の枠組みに対して社会的責任を担い、政府が、それぞれが双方向的に運営し有機的結合するように調整する仕組みを創り出さなければいけないことを意味しているのである。人類の文明発展の歴史と現実は古代国家であれ、現代国家であれ、いずれも成功をおさめたといえる。建設と発展は、強大な社会勢力と成熟した社会の自己組織および統治体系を有している。伝統的な中華帝国に挙げられるように現代西洋の先進国も例外なく、たとえ回り道をしたドイツでさえも、第二次世界大戦後の成功はその強大で成熟した社会勢力からの作用と密接に関連している。[1] この中の道理というのは非常に簡単である。社会は人の生産および生活の源であり根本である。国家はどのようであっても社会の産物に過ぎず、その使命は社会を保護し、社会の不足を埋めることである。つまり社会の根源がしっかりとしている国家だけが、健全に成長でき、巨大な文明を創造する国家となるのである。中国発展の今日は、自らの理論、制度およびルールされている多くが地方分権の中国発展に対する価値と意義について述べたものである。

１　［独］何夢筆『市場経済中社区的作用』参照　何夢筆主編『徳国秩序政策理論与実践』龐建、馮興元訳、上海人民出版社、二〇〇〇年版、三九〇―四三八頁。

ト、さらに相応の経済基礎と発展空間を得た。よって、中国発展の次なる段階の鍵は社会が国家の全面的発展の根本と根源を支えることが出来るか否かという点にある。

これは中国社会建設がすぐに下記の二問題を解決せねばならないことを明らかにした。第一は、社会の力を、その重責を担うことが出来る程度にするということ。第二に、国家主導の一方向での社会建設構造から、国家主導でかつ社会が重要な任務を担うことができる双方向社会の建設構造へと転化をはかる必要があるということである。そのため、我々は社会管理体系を育て、建設すると同時に社会統治体系の育成と成長を重視する必要があるということである。

前の分析から十分明らかなように、社会管理体系の構造と運営には社会建設を推進する必要があり、同時に社会を育て、社会統治体系の構築と成長を生み出す必要がある。つまり、社会管理のプロセスは社会の成長と社会統治体系の成長プロセスを促進すべきであり、それと同時に社会体系の成長プロセスは政府管理と社会生産の強調、生活能力の留まることなく向上させていかなければならない。言い換えれば、社会建設には必ず社会管理体系および社会統治体系が共同成長していくプロセスの中で展開され、政府の社会能力および社会自治能力の全面的向上を管理し、加えて政府管理と社会自治の有機的統一が必要となる。中国の政治ロジックから捉えるに、政府と社会統治能力を同時に向上させ、それらの協調、共同合作および融合した有機的役割を促進することこそが、まさに社会協議なのである。この角度からみれば、社会協議は疑いなく中国社会建設の枢軸的役割を担っているといえる。

社会建設という角度から捉えると、社会協議は国家および社会が、社会の進歩と発展した社会秩序により形成されたコミュニケーション、協調および提携組織の構築とその維持を目的としている。これは、国家レベルで展開されている政治協議とは異なり、社会レベルで展開されており、その主体は政治協議中の各政治および社会の力ではなく、執政党、政府、社会並びに民衆の間で形成された協調と協議にある。よって社会協議により生み出された効果は双方向的であり、国家あるいは政府にとって、社会協議は社会が効果的に政府の社会管理に参加できるための組織であり、プラットフォームでもある。社会にとって、社会協議は政府が民意をスムーズに反映し、民情に従い、社会の自治能力の向上とレベルアップに組織とプラットフォームを提供する。社会協議により生み出された効果は、国家と社会のケアをし、政府管理と公民参加のケアをすることにより、政治体制と社会体制の特徴を併せもつことができ、その構築と完備は当然であり、同時に支援と社会建設と政治発展の効果を促進することができる。

三　インターフェース――社会協議の公共空間

社会協議は社会領域を展開した協議のような簡単なものではなく、国家レベルで展開した協議などでもない、国家と社会、政府と民衆を取り巻く社会秩序を構築し、社会を発展させ、押し進める協議である。国家と社会、政府と民衆の相互作用はその存在を前提としている。このような相互作用により形成された国家と社会、政府と民衆の交流および相互作用する公共空間というのは、社会協商の公共空間なのである。我々はこのような公共空間を国家と社会、政府と民衆が共有する「インターフェース」とみなしている。

「インターフェース」を説明するならば、現代民主主義理論中の「公共空間」あるいは「公共領域」(Public space) の概念の区別をしなければならない。いわゆる「公共空間」あるいは「公共領域」は理論の規範化と経験の観察とは相違しており、異なる区分であることから、把握し難い。比較するに、ドイツの社会学者クラークス・エデルは『公共領域の理解』において、比較について明確に述べている。「公共領域というものは、国家と社会間の一個の空間である。それは政治制度の一種でもなく、社会制度の一種とも異なり、段階（「場合」instance）の一種であり、これらの空間を観察することにより、コミュニケーションの意義（特にその合法性）、またその方法は肯定でき、否定もできる。よって公共空間についての描写は国家と社会間の第三空間のものとなる。この空間において、何人かの発言者は集団の公衆となり、メディアはこれらの発言者が公共の場にいなくとも、その発言を聞かせることができる。大衆メディアは公共空間を、専門機能を備えた公共のコミュニケーションシステムへと変成転化させ、公衆におけるコミュニケーションを十分に維持し、提出されたいかなる論題も処理できる。上述の観念は二つの独立した要素を含んでいる。一つは、特定分野の行動、つまり公共での発言、二つには上述の発言およびそれがその他の行動者に向かって伝播していくことが可能な空間にすることである。この二つの要素は各種の経験と理論を理解するための公共領域における観念の重要な問題として存在している。」[1]上記のような区分に基づくことで、「公共空間」あるいは「公共領域」のもつ三大基本特徴を抽出できる。[2]すなわち、第一に、それは各個人にとって、公共権

1 ［独］クラークス・エデル『理解公共領域』、参照［英］ドランディー編『当大欧洲社会理論指南』李康訳、上海人民出版社、二〇〇九年版、四一二頁。

2 「公共空間」理論の代表的な人物ハーバーマスはこれに関連して、公共空間の特性と提供する支援は理解出来ると述べている。ハーバーマスは「社会は国家に対立するものとして出現したが、公共権力の管轄の影響を受けない、個人の領域とを明確に区分する面がある。それと同時に、生活プロセスにおいて、個人家庭の制約、公共事業への関心を超越することから、それは永遠に契約に支配される領域であり、「批判」的領域の側面を併せもつ。これもまた社会が、公衆がそれに対して行う合理的批判を要求していると考えた。マスメディアのようなツールの機能を転換しさえすれば、公衆は完全にこの挑戦を受け入れる。マスメディアの助けにより、政府当局は、社会をすでに厳格な意味上での公共事業としている」、また「個人を結集させ公共権力が公共世論の前で合法的なスペースを獲得することで、この公共領域と公共権力領域は、相分離することとなる」、そこで、「受け手はその対立面へと変貌する」。参照、曹衛東選抜『哈貝馬斯精粋』南京大学出版社、二〇〇四年半、五九一六〇頁。

力および公共事業を結集し形成された公共空間であることが必要となる。
第二に、それ（公共空間）と大衆メディアは緊密に相互作用しており、それにより公共世論空間が成立する。第三に、それは公共権力および各種制度の公共の力を極力独立的に評価、審査しようとしている。国家と社会間は活発ではあるが、しかし国家と社会を超越し、国家と社会外の第三勢力を成立させようとすることにより、この公共空間は「第三空間」と呼ばれることにある。西洋の研究者の議論している協議民主主義はまさに上述のような「公共空間」を背景に展開されている。ドイツのハーバーマスは「公共空間」理論の創造者というだけでなく、「熟議民主主義（deliberative democracy）」の提唱者でもあり、彼は公共領域における交流とコミュニケーションが、協議民主主義を運営するための組織と基礎であると述べている。[1]
明らかなことは、我々が考える社会協議は、このような公共空間が、国家と社会の間にいつも存在しているのではなく、国家と社会、あるいは政府と民衆を相互に成長させ、交流させあうことによって形成されるものであり、その公共性はまず国家の公共権力および社会の公共勢力に対する、その中への同時参加として具現化し、続いて国家と社会、政府と民衆による公共

1 参照［独］ハーバーマス『在事実与規範之間―関于法律和民主法治国家的商談理論』童世駿訳、三連書店、二〇〇三年版。

利益である国家と社会の問題に係る共同協議に及ぶのである。最後に、国家と社会、政府と民衆はこの空間の共同建設、共有、享受を具現化している。このような公共空間は国家と社会、政府と民衆間に位置し、それと同時に国家と社会、政府と民衆間でも共有、享受が可能である。つまり実際のところ国家と社会、政府と民衆の間で相互作用を保持し、有機的に連携した共同の「インターフェース」を形成する。国家にとって、それは国家と政府が踏み込んだ社会、民衆の事業であるインターフェースに踏み込んでおり、社会と民主主義にとって、それは社会と民衆が対話する公共権力であり、公共の利益を調整、表現し、国家と政府のサービス社会の事業インターフェースを誘導するものなのである。同インターフェースを通して、国家と政府の社会管理は社会との連携が十分に得られる。

同様に、同インターフェースを通して、社会と民衆の社会統治は政府と足並みを揃えることができる。中国の政治ロジックにおいて、このような「インターフェース」は以下の二方面から内在する動力によって形成と発展をさせることができる。その一つは人民民主主義であり、人民が有している権力を協調し、政府は必ず人民に奉仕しなくてはならないというものである。二つ目は、大衆路線である。政府と高官は大衆に深く入り込み、大衆の声に耳を傾け、この声を反映しなければいけない。目下のところ、このようなインターフェースは中国に三種類ある。第一は、党、政府および下部社会の相互作用により形成されるインターフェースであり、すなわち基層大衆の自治である。第二は、党、政府および各人民団体の相互作用により形成されるインターフェースであり、労働組合、工商業連合会、中華全国婦女連合会、中華全国青年連合会、米国留学同窓会（「留美同学会」）などである。第三は、党、政府と人民大衆が相互作用することにより形成されるインターフェースである。その典型的な代表は、影響力が大きいことで知られる「民主懇談会」である。第一種のインターフェースであり、社会協議の空間としてだけでなく、自治を基に形成された公民協議の空間でもあり[1]、基層自治は組織、（企業における職工代表大会など）、地域社会（「社区」）規模での制限を受けることになり、このインターフェースが形成する社会協議は、たとえ議題であっても、影響を受ける予想の範疇であったとしても、若干の制限を受けることになる。つまり、同インターフェースは、より多く「公民協議」が用いられていることになる。第二種のインターフェースは、党と政府がそれに対し一定の主導作用を有しているものの、その根幹は社会にある。実際の運営においては社会に関連する力と政府に参加するルートであり、また政府が社会に対し影響と協調を及ぼすルートともいえ[2]、開発する価値を有する社会協議エリアである。例を挙げれば、労働組合は労働資金の協議を行う空

1　林尚立『建構民主―中国的理論、戦略与議程』復旦大学出版社、二〇一二年版、三八一―三九四頁。
2　参照、韓福国『民営経済制度変遷中的工商聯―組織的双重代理』経済科学出版社、二〇〇六年版。

間としてだけでなく、政府、労働者側、資本家側の共同協議の空間でもあり、従って組織規範が、しっかりとよく機能するのであれば、党と政府であれ、労働者と資本家であれ、いずれも労働組合の助けを借り、協議を行うことで重要な利益と政策の問題を解決することが可能である。

第三種のインターフェースは、これらを成長させたものであり、比較的純粋な「社会協議」空間であり、それが党、政府と社会が商業協議に関わる双方的かつ全面的な問題により形成された協議と交流のための機構である。温嶺市温嶠鎮（浙江省台州市）の実践を例に取ると、懇談と協議の内容は政府が管理する社会的議題だけでなく、経済の発展や、学区内のインターネットの調整、さらには社会の自己管理と発展に伴う議題、村道の開拓、村落の規格調整なども含んでいる。[1] よって民主懇談会というのは「実際のところ、政府の政策決定における公開公聴会、政府高官と国民の平等な対話の機会であり、異なる利益集団が協調を図る交流会」[2] でもある。

改革開放以来、中国の発展は、上述した三つのインターフェースの地位と効果の重要性を順次ステップを踏んで表明してきたことが分かる。また、このプロセスの中で、中国の改革開放

1　中共台州市委宣伝部編『基層民主政治建設―浙江省台州市 民主懇談創新研究』、中国社会科学出版社、二〇〇三年版、四二―四三頁。

2　郭宇寛『聚焦浙江県級市温嶺的「民主懇談会」』、『南風窓』、二〇〇四年、第四期。

のロジックは緊密な連携をしてきた。基層の民衆における自治の効果の重要性が明らかになったのは、まず農村であり、それと農村の土地を請け負い担っている農村社会の権力関係と統治構成の発生に係る深刻な変化と関連している。[1] その次に明確になったのは都市であり、都市部の経済体系の改革が伝統的単位制と衝突したことと関連している。各種団体組織と人民団体の活動作用の重要性が明確になってくる。すなわち市場経済体制の全面的な推進後に新社会階層が出現し、それに伴い生じた社会構成と社会活動方式の変化と直接関連している。また「民主懇談会」を代表に、第三種のインターフェースの育成と成長は、社会主義市場経済と民主的法治主義の建設に則して、政府が民主的に政策を決定する際、より高い要求を出すことと直接関係している。その内在的な原動力は、日々の自主的な個人と社会が政府の政策決定への過程における参加を制度化しようとした意思の表明と権利の保護を図っていることにある。

この、三層での累進式の変遷プロセスからは、改革開放がより深い部分で国家と社会の関係を調整し、国家と社会が良性的に相互作用すればするほど、関連する共有インターフェースの連携や調整に対する要求はより切迫してくる。しかし、全体を俯瞰すれば、目下のところこのようなインターフェースの基礎は比較的薄弱であり、既存のインターフェースでさえ、その効

1　参照、徐勇『中国農村村民自治』華中師範大学出版社、一九九七年版。

力を十分に発揮しているとはいえない。「民主懇談会」の形式により出現した第三のインターフェースを例にとると、一種の発展ととることもできるし、既存のインターフェースの補足的なものと見ることもできる。実際のところ、温嶺市における「民主懇談会」の基礎組織はまさに村民自治の話であり、また「民主懇談会」の出現は、必ずしも村民自治そのものを育て成熟させたわけではない。党と政府が村民自治そのものを含んだ基層民主主義の実践をするためである。温嶺「民主懇談会」の発展プロセスはこの点を証明している。それは三段階のステップを経て、幹部と民衆との関係の改善要求に始まり、民主の政策決定における機能開発へと及び、政策決定の公聴会形式や組織が出現するに至った。[1] つまり、「民主懇談会」の全体的な方向性は幹部関係との協調、民衆の政府政策決定への参加であり、村民自治そのものの発展ではない。「民主懇談会」は村民自治に対し客観的に促進作用があることは事実である。しかし「民主懇談会」の出現と村民自治そのものは友好的な開発とその運営に対して一定の関連性を有していることが分かる。

　国家と社会間のインターフェースの成長が遅れ、運営上制限を齎す要因は多方面に及び、なかでも深刻な原因の一つは社会建設の多くが、社会管理の視座と理念を起点としており、まだ

1　景躍進『行政民主　意義与局限――温嶺「民主懇談会」的啓示』、『浙江社会科学』二〇〇三年、第一期。

社会統治が成長できていない点にある。また社会管理は相乗作用が困難なばかりでなく、プレッシャーが日ごと大きくなり、このため社会建設は膠着状態に陥ったのである。

逆に、社会統治機能が十分に成長し、社会管理のプレッシャーが緩和していれば、国家と社会のインターフェースの成長と開拓は可能となり、社会協議の実践と運営に広大な空間を提供することができる。このような体制は良質な社会建設とその発展の局面を創造し、社会管理との相乗作用を生む。さらに協議民主主義を促進し、緊密な党・大衆関係、幹部・大衆関係、国家統治と社会管理の創造とが真に連携し合うこととなるだろう。

四　政党——社会協議運営の支点

社会管理と社会統治に基づいた区分けにより形成される角度からは、社会協議が中国協議民主主義の実践と深化の鍵であるだけでなく、さらに中国社会建設全体にテコ（梃子）入れするためのテコであるといえよう。社会協議を通じて、社会管理は社会生産と生活の中心へと深く入りこんでいる。同時に、社会統治はまた社会の力と政府の力を結集し、社会建設の合成力を形成することができるのである。したがって、社会管理と社会統治を共に強化することは、国家と社会が提携した共同統治を創造することを可能にするのである。社会協議というテコで中国の社会建設にテコ入れをしようとすると、一つの支点が必要となるこの支点こそが指導者であり、指導者は組織体系、事業体系、サービス体系と党員体系などの有機的統一だといえる。

中国共産党は国家指導の中核的な部分であり、中国社会の指導の中核でもある。国家建設であれ、社会建設であれ、いずれも党はその中核における特有な作用からは逃れることができない。しかし、党が長期的に革命党の役割を演じると、意識的に革命党から執政党へ転向することは制限されている。つまり党、国家、社会間の関係は転換している最中であり、未だ良性な構築関係の形成には至っていない。基盤社会においては以下の二方面においてそれを具現化している。一つは、社会管理において、党と政府は一体であり、党はしばしば政府管理の役割を演じ、政府管理運営を担う。二つ目は社会領域において、党が「単位制」（企業、工場、学校、病院などに設置。）への委託を失った後、その中核的作用を発揮するための組織条件から大きな影響を受ける。その影響は党が社会と民衆における影響力と結集力へと及ぶ。このような状況の下、党の文書は社会建設が党の指導を前提としていることを強調しているが、社会建設における党の指導は党委員会の指導のみを具体化したものであり、党を社会建設の主導者および実践者として効果を発揮していることを具体化しているわけではない。これは党の建設に不利なばかりか、社会建設においても不利といえる。なぜなら、このような状態は社会建設の実践を党の目が届かない部分においてしまうことになり、自己を欺く思考をもって社会建設を推進してしまうことになる。見て見ぬ振りをするか、社会自治を育成する力に影響を与えたとみるか、自己を欺く方式の考え方で社会建設を推進することになる。つまり、党の事業領域である地域共同体（「社区」）自治と社会サービスから脱出をはかろうとする構図になる。最終的な実践はみな、前述のような努力により生じた効果には制限があるということを示している。ただ、ここで言っておかなければならないのは、仮に党が新たに創建したプロセスにおいて、全面的に党、国家、社会の三者の関係を強化して調整しないまま、党が国家を超越してしまう。そうして社会の指導力の深い部分に入り込ませ、その民衆を根とし、社会を幹として発揮させ、国家の任務と使命につかせる。単純に党が社会建設において効果を発揮できるようにしても、やはり社会の建設と発展には不利であるといえる。

つまり、我々が考える中国社会建設は必ずや党指導の独自作用が必要となる。また党の指導は社会建設を推進する力となり、国家建設と社会建設の需要に基づいて全面的な革新と発展を進めなければいけない。社会協議は党の指導刷新と発展として新たな体制空間、活動の舞台として提供する。逆に党の効果的指導によって社会協議を支えることは党の指導が社会建設を主導し推進するための重要な勢力になると考えてよいだろう。これは、理論的な問題であり、戦略的問題でもあり、直視し、しっかりと注目する必要がある。

社会協議は党の指導というこの支点でテコを動かし、中国社会建設の戦略ロジックを表明することで、党の指導は初めて支点となり得るのであり、それにあたり以下のような努力をはかり、成果を挙げる必要がある。

第一に、党は社会の大衆に溶け込み、社会の中心となって活躍する使命を担う。党の根幹は社会と民衆にある。長期的にみて、このような根幹は単位体制により保障（証）される。単位制が緩むにともない、社会の流動は加速し、社会の文化は深刻なものになる。社会と民衆の中の党の根幹も次第に薄弱なものになり、数多くの団体、活動、社会の出来事から退いて党の組織は見えなくなり、その効果も感じられなくなる。党の社会的な調整能力とその強調能力に大きく影響を及ぼすことになるのである。党は社会の統合と調整が困難になり、社会自治の主導的な力ではなくなる。結果、党はただ社会を超越する力をもって社会を管理するだけとなり、それを支持するのは自身の組織ではなく、執政党が所有している政治と行政の資源ということになるのである。党はこのような管理において一定の力を持っているとはいえ、その管理は社会の深部に入り込むことは出来ない。よって、社会に内在する秩序を形成することは出来ない。このような状態が長期にわたり続いてしまうと、党の指導力と執政力がもつ実践的効用と影響力は次第に弱体化する事になるのである。これは十八大以降の中国共産党が進めてきた大衆路線の教育実践活動であり、党と大衆の関係を再建するための重要な要素がここにある。党が社会の大衆に溶け込むことは、単純な々大衆との一体化ということではなく、大衆と社会の中心となって活躍する力となることがより重要なのである。これは、党が社会大衆に融合するプロセス、つまり社会大衆を結集するプロセスであり、また社会大衆に奉仕、主導するプロセスであるといえる。このプロセスは一旦形成されれば、社会統治体系の成長のエネルギーと保障を得ることになる。よって、党は必ずその組織形態を再構築し、新たな組織の配備と機能体系を形成して、日常的な民主化、市場化、インターネット社会のもつ強大な組織力と組織が与える影響を保障し、そこから社会の中心となって活躍する使命を担う。それと同時に、社会的自治体系の発育と成長を促進する。

第二に、党は組織形態を再度形作り、その組織基盤の共通認識を構築する。党は社会に融合されれば、その観念、態度と行動を必要とするだけでなく、各々新たな組織としての配備、機能体系、事業形態、党務幹部がより必要となってくるのである。これは党が直面することになる社会と群衆に既に発生している深刻な変化と関連している一方で、もう一方では長期的な革命のロジックの位置づけと運営と関連している。この変化と無変化によって形成される巨大なコントラストのなかにあって、党の組織と事業は社会と民衆の生活、観念に効果的に入り込むことができない。このことは党の社会に対する影響力を削ぐと同時に、社会認識の権威体系と信任体系を削ぐこととなり、またこの二体系はまさに社会の共通認識が必要とする基礎なのである。社会の共通認識は調和を取るための基礎であり、社会の調和というのは社会団結の前提でもある。共通認識、調和と団結というのは社会協議の効果的な運営のための社会的前提と精神的基盤である。社会協議は、社会の共通認識、調和、団結を強化することを通じて、社会建設の進歩と発展のテコとなる。

理論と実践は、いずれの社会においても社会の共通認識、調和と団結の水準を向上させ、文化と政策の基盤を除いた、地域共同体（「社区」）、教会、政党、階級などに挙げられるような特定組織の基盤を向上させるのに必要であることを明確に示している。今日の中国社会、社会の共通認識、調和と団結に求められる組織基盤の中で、党の組織は最も根本的で、重要なものと推察されるだろう。つまり、党の組織は社会に認知され、信任されるように努めるべきであり、社会の利益関係の調整し、社会の矛盾を抱える権威勢力を溶解させるものでなくてはならない。中国共産党は社会の高度な認識、信任と、それにより形成された権威と影響力とに依拠することで民衆を勝ち取り、政権を勝ち取った。しかしながら今日においては客観的な原因により、中国共産党の基礎、資源はかつてとは比べ物にならない。また、今日の中国社会の建設は、党のこの方面での優勢の重視と保持が迫られている。このことは、中国共産党が全面的にその指導能力、執政能力と組織体系建設を強化しなければならない原因といえる。党の組織形態の再編は、党を社会共通認識としての組織基盤にし、すでに完成している社会建設に取り急ぎ必要とされる戦略的基盤にする必要があると言えるだろう。

第三、党は政府の行政、国家の協調および社会利益を超越する。また党は社会共通認識の基礎である。社会の認知と信用を勝ち取ることを除き、党は基層社会における事業と活動で、組織を超越し、政府の行政に対し一体化した構成を組まなくてはいけない。政策上では、政府の行政資源に依存することで、国家と政府の意向を表明するだけでなく、社会利益のための指導力の表明と結集までも可能にする。党の十五大報告では、終始党が全体を総覧し、各方面において指導の中核としてその力を発揮する、その真意はまさに党が政府の行政を超越し、全体として国家と社会とが高度に協調できることを求めている。社会協議にとって、上述のように全局面を総覧し、各方面の勢力を調整することは、社会協議が存在するための前提であるばかりでなく、社会協議が開拓し、深部に入り込むための保障を手にすることもできる。社会建設にとって、党が政府の行政を超越することは、政府行政の障害を乗り越え、足かせが外れること、独特な政治使命と組織機能を発揮することを意味している。同時に政府を解放し、政府が法を準拠し職務を履行する。また自主的に運営し、社会に服務できるようにしなくてはならない。よって、社会建設は以下の四大勢力を形成し各局面を推進する。すなわち、四大勢力とは党の力、政府の力、社会の力、市場の力である。これらをもとに、社会協議組織と形成された全てのインターフェース・プラットフォームのサポートの下、中国の社会建設は社会管理と社会統治の共存と提携という良性な局面を創造することが可能となる。

社会建設は社会発展を起点とし、その使命はまさに社会が発展、変遷、転換をした後、社会の内在的協調、安定と一体的秩序体系を再建、保持できることにある。従って、社会建設は国家の能力だけではなく、社会の力が必要となる。社会の参加がなければ、国家の力によって建立された社会秩序は内在する生命力が無いうえ、その存在と運営コストは必ず高くなり、実際の効果は限られたものになる。いずれの社会秩序もその根源は社会にあり、例えその根源が社会にあっても、国家にあっても源となる幹が必要となる。社会建設は党と政府により進められる社会管理だけでは不足しており、全体に行き渡らず、社会勢力の主体的な参加と配備が求められる。これは、社会統治体系の確立と健全化が必要ということである。社会協議は、協議民主主義の実践形式であるが、その社会主体性の肯定、社会参加の激励、客観的な社会統治体系の成長によって積極的な推進作用が生じる。社会管理と社会統治基盤を基に社会協議の運営と開発をジャンル分けすると、社会協議は中国社会建設を全面的にテコで動かす重要な組織であり、そのテコなのである。

中国共産党は十三大に社会協議対話制度の建設を提起し、同党の十八大に至るまで健全な社会主義協議民主主義制度を重視してきた。その間二十五年が経過し、至る所に改革開放の大論理が行き渡ったが、二種類の経済と社会形態を経験した。つまり社会主義市場経済の前と後で二つの経済と社会形態を実施したのである。これは社会協議が中国の内生的要求であり、政治ロジックには適合せず、社会構成と運営方式にも適さないということを意味している。二十五年前と比較すると、今日の社会協議を強調することは、政治建設と政治民主主義の内在的要望であるだけでなく、それは同時に社会建設と統治の内在的要請でもある。社会協議は同時に政治建設と社会建設の役割をも担っている。その力の原点は、社会協議体制とその組織の確立ではなく、社会の成長、社会統治体系の構築にある。これらが党と政府の推進する社会管理の組織配備、提携勢力となる。社会統治は社会管理の相互作用と提携により展開し、必然的に国家・社会間、党・政府・民衆間で形成され、相互に共存、享受可能なインターフェースを形成できる。社会協議には前述のようなインターフェースが必要であり、同時に社会協議も同インターフェースの成長と開拓を促進できる。まさに陸地と大海をつなぐ砂浜のようなインターフェースは自然界の調和やロマンの美のようであり、国家と社会間、政府と民衆間の社会協議に基づき、形成された相互作用、提携、協議のインターフェースであり、中国の発展にもたらした調和や全体の美しさを備えている。中国社会建設にはこのような砂浜が必要であり、またこの砂浜をつくることで中国は超大樹というべき社会で真の調和と安定が得られるだろう。

第五章　公民協議と基層民主主義の発展

基層民主主義の主体は公民であり、その使命は自身の権利を維持し、公共利益の保障、基層民主主義の監督、国の主人公となるための健全な公民協議体系の建設の実現である。中国基層民主主義の建設と発展の戦略的任務ともいえるこの経路は、中国が形成してきた漸進的かつ秩序的な民主主義発展の経路として適しているだけでなく、社会調和による社会建設、社会建設による社会調和の保持の社会建設戦略にも適合している。

人民が国の主人公となる、これは人民民主主義を直接観察しての表現であり、その真意は人民が国家主体を管理し、国家事業を決定すべきということである。価値として、この方向性は肯定的であり、民主主義の中核的精神つまり人民統治に合致している。[1]道具すなわち制度とし

1　[米] ジョバンニ・サルトーリ『民主新論』馮克利、閻克文訳、東方出版社、一九九三年六月版、一二二頁。

ては、一組（セット）の複雑で効果的な制度体系によって実現される。この制度体系は、人民の国家に対する最高権力掌握を具現化するばかりでなく、さらに人民が日常社会の管理において自らの業務決定可能なことを具現化している。国家業務の管理という観点から捉えると、人民は自らの業務の条件と能力を決定できる。つまり、人民は国家業務の管理に参加することで、その主体的前提と基礎を管理すると捉えられる。どの程度であれ、人民民主主義の価値と意義を強調するには、実践に移しさえすればその根幹は必ず人々が自己業務を決定可能となる。この点を達成できなければ、人民民主主義は基本的根幹を失うだろう。中国の政治体系は、人民自らの役割が政治生活を基層民主主義として位置づけている。基層民主主義建設は中国民主政治発展の基盤ともいえる。その主体は公民であり、理論および実践は、公民を主体に展開される公民協議は基層民主主義において重要な形態であり、公民協議の発展は基層民主主義建設の重要な手段である。[1]よって、我々は中国基層民主主義発展の内在ロジックから、公民協議の中国基層民主主義発展における地位、価値と将来性について模索を試みる。

---

1 【豪】ジョン・ドライゼク『不同領域協商民主』参照、陳剰勇、何包剛編『協商民主的発展』中国社会科学出版社、二〇〇六年版、一六―二六頁。

一　基層民主主義――中国における概念

中国の政治生活において、「基層民主主義」と「草の根民主主義」の概念はしばしば混用されがちである。正式な文献上では、いわゆる基層民主主義とは、基層政権、基層社会民主主義制度および民主生活において、主として民主的選挙、民主的管理、都市部の住民の自治、農村における村民自治および企業単位の民主管理制度である。しかし、正規文書の上ではこれまで「草の根民主主義」という概念が「基層民主主義」に代替するものとして使われたことはない。[1]また、記者の記事や学術論文においては、「基層民主主義」の概念はしばしば「草の根民主主義」に取って代わるものとして用いられている。[2]「基層民主主義」は中国そのものの民主主義の実践において形成されてきた概念であり、また「草の根民主主義」は西洋を起源とする政治学的概念であり、その現実的方向性は実際には、基層社会の民主的生活を起源としている。社会構成と内在的ロジックの差異に基づけば、「草の根民主主義」成長のロジックの起点は、民衆の

1　各種文書の正式なテキストの英文翻訳において、「基層」は「grass-roots level」と訳される。つまり正式な文書のテキストにおいて「基層民主主義」を英訳にする際、実際には「grass-roots　democracy」を直接「草の根民主主義」という概念の翻訳を受け容れていることになる。

2　李凡『展望草根民主的明天』、『南風窓』二〇〇二年、第十一期、三五頁。参照、徐勇『草根民主的崛起――価値与限度』張明亮主編、二〇〇一年版。

民主的要求であり、また、基層民主主義成長のロジックの基点はすなわち国家の民主的要求ということになる。

メディア界と学術界は社会的角度から国家動員のロジックに基づき形成された「基層民主主義」の民主主義の意義および将来性の発展傾向を把握することを試みた。よってより多く用いられている「草の根民主主義」の概念から表現と分析をすると、「基層民主主義」の事実として、その中に含まれている政治的展望は明らかである。

ここで指摘しておかねばならないのは、誰もが市場経済の発展を認めてはいるが、社会構成の変化および日々増加する個人の独立は、中国の基層民主主義発展の根本的動力ということである。だからといって中国基層民主主義の成長ロジックを起点とした国家建設の民主的要求に対する事実を修正することはできない。この一点を考慮しなければ、真に中国基層民主主義の実際の意義を見極めることはできないためだ。基層政権および基層社会は必ずしも改革解放後に出現したものではない。それらは客観的に存在しているものの、基層民主主義を国家の民主主義建設と戦略プラットフォームに組み込んだのは、間違いなく改革開放以後であり、歴史の変遷プロセスを経てきたのである。一九八一年、『関于建国以来党的若干歴史問題決議（建国以来党の歴史的十大問題に関する決議）』の総括である「文革」には「基層の政権および基層の社会生活において人民の直接民主主義を段階的に実現してきた。特に都市と農村企業における労働集団の企業事業に対する民主的管理である。」と記されている。一九八二年、中国共産党の十二大において社会主義的民主主義の一連の政治、経済、社会および文化生活の各方面などが打ち出され、その中には基層、つまり「各企業事業単位の民主的管理の発展、基層社会生活の民間自治の発展が組み込まれた。民主主義は人民の集団における自身の教育方法といってもよいだろう。」

一九八二年末、中国の新たな憲法が公布され、初めて都市の住民委員会および農村の村民委員会が基層民間大衆の自治組織として憲法に書き加えられた。[1]一九八七年四月、つまり中共三大開催の直前、第六回人大原則として『中華人民共和国村民委員会組織法（草案）』が採択された。同年十月、中国共産党の十三大報告には基層民主主義を民主主義開拓の空間とするだけでなく、さらにそれを完全な国家制度、すなわち国家と社会関係の調整、党と政府の統治能力の向上、社会安定の維持の戦略的空間とみなした。報告では「党と政府は民間大衆と組織関係上同一であり、十分に民間大衆団体および基層大衆の自治組織の機能を発揮させるには、段階

1　一九五四年九月に採択された中華人民共和国憲法には、この領域内容はなく、一九五四年末、全国人大常委員会で『城市居民委員会組織条例』（都市住民委員会組織条例）が採択されると、「居民委員会」は民間の住民自治組織であることが明確化された。

を経て大衆の事情を理解し、法に基づき行う。」、「基層民主主義生活の制度化は、労働者階級と多くの民間大衆集団が主人公となることを保障し、各方面の人員を積極的に動員し、全社会の安定と団結の基盤を維持することにある。」と記された。この認識の変化は、基層民主主義の中国政治生活における戦略的地位を向上させた。一九八七年十一月、中国の全国人代常委会で『中華人民共和国村民委員会組織法（試行）』が採択され、一九八九年十二月、同委員会で『中華人民共和国城市居民委員会組織法』（都市住民委員会組織法）が採択された。この二本の法律に基づき、一九九二年十月、中国共産党の十四大が開催され、初めて中国の基層民主主義の三大構成組織として、「職工代表大会」（以下、職代会という）、「居民委員会」（以下、居委会という）、「村民委員会」（以下、村委会という）が定められた。

一九九七年九月、中国共産党の十五大は「基層民主主義を拡大する」という政治建設の目標を提起した。[1]報告には「基層民主主義を打ち出し、人民大衆の民主的権利の直接行使を保障し、法に準拠し、自己の業務管理を行い、自己の幸福な生活を創り出すことこそが社会主義的民主主義の最も広範囲に及ぶ実践である」と記されている。報告の内容から、基層民主主義が示し

1　従来、文書提起の方法は二種存在した。一つは基層民主の発展であり、二つには基層民主主義建設の強化である。

ていることは、都市の基層政権の民主的建設を基層民主主義の範囲として組み込み、同時に民主的選挙、民主主義的な政策決定、民主的管理および民主的監督の原則のもと、基層民主主義の運営空間を打ち出すことにある。[1] 二〇〇二年の中国共産党の十六大においては、依然として「基層民主主義の拡大」という建設目標を堅持していたものの、「拡大」の方向性には変化が生じ、最も明らかな変化は、基層政権組織の民主的選挙および民主的管理を基層民主主義の範囲として組み込まないことにあった。しかし依然として人民集団の民主的権利の直接行使、基層の公共事業および公益事業の管理を強調していた。

言ってみれば政権組織の民主的運営は基層民主主義に属さないものの、人民大衆集団の基層

1　十五大報告の具体的な表現は、「基層民主主義を拡大し、人民大衆集団の民主的権利の直接的行使を保障し、法に準拠し自らの業務の管理を行い、自己の幸福な生活を創造する。以上のことは社会主義的民主主義の最も広範的な実践といえる。都市と農村の基層政権組織および基層の大衆的自治組織は、いずれも健全な民主的選挙制度を必要とし、政務および財務の公開を実行し、大衆は討論と基層公共事業および公益事業の決定に参加し、幹部が民主的監督を行う。「職工」（職員と労働者を指す。以下、職工という）代表大会を基本的形式とした企業および公的機関の民主的管理制度の堅持と完全化は、職工が改革および管理に参加し、職工の合法的権利を維持する。きっぱりと民主主義制度の圧政や、強制命令などの誤った行為を是正する。」

政権組織の民主的参加と民主的監督が基層民主主義の範囲内にあるということである。[1] 十六大は基層民主主義の境界を再度確定し、事実上、巨大な基層民主主義の実施空間を確定したといえる。十五大および十六大は、基層民主主義の境界確定の微妙な差異は、以下に挙げられる深刻な政治問題を含んでいると述べている。一連の基層民主主義はその問題上、国家と社会間では極めて過激な博戯（ゲーム）が繰り広げられている。このような博戯の関係は、メディア界と学術界において白熱している「草の根民主主義」の概念が中国の基層民主主義の観念と学術的傾向を表現しているということからも分かる。

中国の改革開放以来、推進されてきた基層民主主義建設の歴史を振り返れば、このような博戯関係は、必ずしも初期から存在していた訳ではない。九十年代以降になって初めて出現すると、次第に発展し、当時の中国経済、社会および政治的変化と結びついた。その主要な動機が

1　十六大報告の具体的な表明とは「基層民主主義の拡大は、社会主義的民主主義の基礎的事業を発展させることである。健全なる基層自治組織および民主的管理制は、事業公開制度の完全化、人民集団の法の準拠による民主的権利の直接行使、基層公共事業および公益事業の管理、幹部の民主的監督の実施である。村民自治の完全化、活力あふれる健全な農村の党組織指導を備えた村民自治組織、秩序のある建設管理、文明的で新たなタイプの地域共同体（「社区」）、職工代表大会およびその他形式の企業、公共事業の民主的管理制度、職工の合法的権利の維持。」である。

以下の三種類であることは明確である。その一は、一九八〇年代末、村民委員会および居民委員会組織法が公布され、基層民主主義の法制化保障および制度化運営の時期へと突入した。これによって形成された制度空間は、国家が民主的組織を通じて改革した社会問題の空間を解決するに留まらず、社会が民主的組織を通じて、利益を表明し、政府の監督、権利空間の維持にまで及んだことからである。その二は、一九九〇年代、社会主義経済が確立、発展し、農村であっても都市であっても、独立した社会および自主的個人を育むようになり、社会構成には深刻な変化が派生した。このような変化は避けることのできない多くの新たな社会問題を引き起こすと同時に、新たな政治参加を誘発した。

基層民主主義の開発は政治参加、社会関係の調和、利益による緊張緩和の最良ルートである。その三は、同時期、国家であっても社会であっても、いずれも中国の民主的発展のルートと方法を再考しており、さらに一種の共同的選択を形成していた。漸進的に民主的発展のルートを進み、さらに一連の基層民主主義的発展はこのような民主的発展の基本的ルートであった。このようなことから国家と社会の基層民主主義的発展の問題上に博戯関係が生じるようになった重点というのは一九〇〇年代以降、どの角度から論じたとしても、基層民主主義が全て国家と社会の共同要求となったことにあるだろう。ただ、各自の追求は僅かではあるが異なっていたのである。

国家にとって、基層民主主義拡大の基本目標は以下の三つである。一つは、人民民主主義の推進であり、二つ目は社会統治の育成、国家が退場した後の基層民主主義社会統治に出来てしまった穴埋めである。三つには、政府と社会関係の調整、政治と社会安定の保障である。

社会にとって、達成のための具体目標は以下の三つとなる。第一は、日一日と増長する個人的権利の維持、第二は、増長し続ける政治参加を満足させること。第三は掌中の民主的権利を効果的に運用することである。実際、国家的追求と社会的追求の本質は矛盾しているわけではなく、却って、その深部では内在的一致をみせているといってもよい。ただし、ロジックの出発点は異なり、このような必ずしも矛盾していない追求の完全な合致はありえない。国家的追求のロジックの起点は制度の民主化、すなわち基層民主主義制度の民主化であり、また社会的追求の起点は民主主義の制度、つまり基層民主主義制度の制度化に対するニーズを満たすことである。よって、国家は制度範囲内で民主主義の拡大を試み、また社会は制度を肯定的に利用し続け、堅固な民主主義の新発展を試みる。社会は自然と強大な制度を刷新する動力を得る。その動力は瞬く間に制度部門および地方政府、とくに基層政府に吸収され、基層政府が政治体系改革試験および制度刷新の合法的基礎を推進することになる。そうなると、憲法を超越する規定の町村（「郷鎮」——農村の末端の行政単位の郷（村）と鎮（町））の長が直接このような根本的な改革の試みと突き当たることになる。国家にとって、その経済および政治発展のニーズはこのような制度と刷新する動力を必要とすると同時に、憲法制度の強固化および政治大局の安定化を必要とする。以上から、一連の基層民主主義は明確な特定範囲内にいて、一種の着実な選択と見られるようになるのである。このような選択の下、基層政権の基層民主主義は基層自治の空間へと反落し、自然と国家は社会の民主主義のニーズに対して、必然的に反応することとなる。

上記を分析するに、我々は以下のような結論にたどり着く。一連の基層民主主義は国家と社会に共通の要求であるが、しかし各々の出発点には僅かながら差異がある。基層民主主義の発展は規定された空間の中で国家と社会の要求を同時に満たさなければならず、その重点は基層民主主義の深化であり、その革新はまさに掲げてきた基層民主主義の自治性と参加性である。要するに人民大衆集団が同空間および同空間の形成する民主主義の舞台上で、十分にその民主的権利を行使でき、主人公となることを実現することである。基層政権の民主的運営は基層民主主義には含まれていないが、深化の止まらない基層民主主義は間違いなく基層政権の民主化に対して深い影響を及ぼすこととなり、そこから国家の民主主義全体を成長させる政治的発展効果を推進することとなる。つまり中国の目下の基層民主主義の構図とは、その空間が職代会、居委会および村委会であり、その主体は人民大衆集団、つまり公民であり、その要求は民主的選挙であり、民主主義の政策決定であり、民主的管理と民主的監督であり、その効用は自治、権益保護、公益、参加、協議および監督であり、その基礎は社会の成長および基層政権の民主化と法治（主義）化であり、その言及する領域は政党、政府、社会、企業と団体なのである。

二　公民協議――基層民主主義拡大への効果的なプロセス

中国社会において、拡大した基層民主主義そのものは基層民主主義を深化させたもので、基層民主主義制度を効果的に運営していくためには、背負うべき使命を背負わなくてはいけない。国家と社会の基層民主主義への期待からすると、中国の基層民主主義は発展すると同時に国家と社会の支持獲得へとつながり、大衆性、秩序性、自治性および参加性という四規定の有機的統一の保持が必要となる。基層民主主義の深化には、上記四分野の深化を欠かすことができない。基層民主主義の建設は多方面での努力が必要であり、その中には公民協議の体系と組織の建設も含まれており、相対的に、公民協議の基層民主主義の建設と発展に対する総合的な効果は、公民協議そのものが民主的大衆性、秩序性、自治性および参加性を十分に具現化していることに拠る。[1]

1 ［米］ジェームズ・ボルマン『公共協商―多元主義、複雑性与民主』黄相懐訳、中央編訳出版社、二〇〇六年版、二一―六二頁。

実際のところ、中国の基層民主主義の中で、都市の住民委員会であっても、あるいは農村の村民委員会および企業と公的機関の職工代表会議であっても、それ自身はいずれも公民協議組織とプラットフォームを備えている。都市では、住民（「居民」）会議があり、十八歳以上の住民は誰も住民会議に参加でき、また『城市居民委員会組織法』（都市住民委員会組織法）は「全住民の利益に及ぶ重要問題については、住民委員会は必ず住民会議にかけ、討論の後に決定する必要がある。」と規定している。農村では、『工会法』に、「職工代表大会は企業が民主的管理を実施する基本形式であり、同職工は民主的管理の権力を行使する組織機構であり、法に準拠し職権を行使する。」ことが規定されており、これらの法律に規定された制度基盤を除き、それ以外に、さらに公民協議という中国の基層民主主義の運営において良好な社会的基盤が形成されている。基層民主主義の主体というのは人民大衆集団、つまりは公民である。中国で実施されているのは競争性にではなく、共同合作性のある政党制度であり、つまり基層民主主義に参加する人民大衆集団の間には、過度な党派の境界はなく、直接公民の身分で基層民主主義の生活に参加するのである。

中国の社会と政治構成形態は公民協議の成長に十分有利な社会条件を提供している。

ところが、基層民主主義の建設と発展において、協議民主主義一的な行為はあるものの、公民協議の概念や組織はない。その原因の多くは多方面に及ぶ。まず、我々が公民協議の伝統が無く、このことは自治政治の伝統の欠乏と関連している。次に、我々の基層大衆の自治は長い間政治と行政による過度な制御と介入から離脱しなかったことと関連がある。理由としては上記の状況下で、民間集団が自ら管理し、自ら働き、自ら教育しても、完全なる自主的な発展は不可能であり、成熟した自治の要求を形成できなかったためである。成熟した自治要求と自治の実践が無ければ、現存の制度空間と制度のプラットフォーム上で自主的に公民協議の育成をすることは不可能なのだ。さらに、民間組織が現代の公民として社会の中で独立してきた時間は長くなく、その公民意識および公民能力は健全とは言い難い。社会全体の中でも確立した公民社会の水準には達していないのだ。これらの要因は公民協議発展が限定的なものであることを説明すると同時に公民協議が中国社会で長足して発展していくことが容易ではなく、概念の更新や、制度の開発およびプラットフォームの建設など並々ならぬ努力が必要とされることもある。

いかに公民協議の発展が容易ではないとしても、中国の基層民主主義の建設にはやはり公民協議の発展が欠かすことができない。その理屈は同方向の制度基盤と社会構成に留まらず、公民協議の発展において人民民主主義が基層民主主義のテーマに沿った筋道と合致していることであり、中国経済と社会発展の基層民主主義に対する要求を満たすことができるかにある。いわゆる公民協議というのは、まさに公民が開放される公共空間の中で、公共事業および公益事業について公開で意見表明を進めることであり、意見交換や討論協議などで、共通認識あるいは政策決定に至る民主主義的形態を形成する。このような民主主義的形態は公共の利益、公開討論、公民参加、集団協議、共同決定によって展開されることは改めて言うまでもない。これらの民主主義的形態は一部の広場民主主義の特徴であり、自由表明、公開討論、共同決定により展開されるが、広場民主主義とは異なる。なぜなら、広場民主主義は制度化の基盤、組織化の保障およびルーティン化した規範を必要とするからである。明らかなことではあるが公民協商は基層であるが、しかしその民利に関連し、その政策決定に関連し、その内包するものと品質は非常に高い。よって公民協議発展のプロセスは、深化した基層民主主義であり、掲げた一大基層民主主義のプロセスは公民協議の民主的発展が得られるすべての成果であり、いずれも中国基層民主主義建設および発展に直接貢献している。

公民協議の民主主義的価値は非常に分かりやすい。すでに現代民主主義の中では基層民主主義の運営の普遍的形式となっている。[1]その価値は中国で発展する中で、重要な現実的実感として、社会建設の調和に役立っている。社会調和の現実での役割というのはまさに経済と社会の

1　［墨］Maurizio O Passerin d'Entreves 主編『作為公共協商的民主――新的視角』王英津等訳、中央編訳出版社、二〇〇六年版、一―二八頁。

発展の各局面において、社会利益の調整、社会矛盾の緩和、社会団結を促進しているのだ。

これは政党・政府と社会との協調と均衡に対しての要求であるだけでなく、加えて社会自身が直接的な対話、意思疎通、利益調整を必要としているためである。後者が欠乏すると、政党と政府の努力は半減し、時には何の収穫も得られないときすらある。逆に、後者があれば、社会基層は政府、政党、社会および民衆の四者で相互作用を有機的に形成でき、各種の調整と均衡の創造、多方面での社会調和度が向上する。

その他の側面での民主主義形式は異なり、公民協議は直接民主主義の形式であるが、大衆性だけでなく、直接性を伴っているため公民協議の確立と運営はそれほど困難ではない。公民協議の運営も同様に、いずれの形式の民主的運営も政治体系、経済体系、社会体系および文化体系全体で合理的で適合性を備えた条件下でのみ想定した効果が生まれる。そうでなければ、民主主義を運営した際、民主主義が増長しないだけでなく、かえって困難あるいは危機的状況に陥ることになる。中国の基層社会で公民協議を推進するには、相応の社会および政治の建設が必要となり、これによって秩序的発展を歩むことが可能となる。このプロセスを歩むに際して、党と政府は次のいくつかの方面での努力を必要とされるだろう。

その第一は、党と社会関係の調整、基層自治の深化である。指導の中核的勢力としての中国共産党は基層社会の指導勢力といえる。長期的視点で捉えると、この指導効果を党の基層組織が担うのは、往々にして政府あるいは党の上級組織から派生した組織であり、前述したような政治および行政資源、管理および社会の統合を担う。表面上はこれらの組織が社会に対して指導的な効果をもたらすものの、実際には国家が社会管理を行う末端的役割を演じているにすぎない。本来の指導の力が管理の力へと変化したのである。実践は、このような役割の変化を証明しており、つまり党の指導に不利なだけでなく、社会建設においても不利だといえる。このような役割を基盤とすると、政党と社会の関係は容易に対峙、緊張し、管理が必要となり、政党が基層自治を制限する事態に陥る。自治は育成不良となり、社会矛盾と問題は自然と政党に集中することになる。撒いた種は自ら刈り取る必要があるように、上述のような緊張関係を打破する鍵は政党にあり、さらに政党破局の最良の道はあるべき本来の場所に戻ることを迫られる。つまり真に基層社会を指導の中核にし、社会とともに歩み、党の社会において発揮すべき効果を発揮するのだ。具体的な方法は、基層社会の自治を推進する中で党の社会に対する指導力と影響力を向上させ、党による基層社会の活発化および社会生活における自治の活発化という二重の側面を形成する。これにより党の基層組織は、一党自身の整合調整と建設を強化し、党員と組織の作用を効果的に発揮することで、真に社会の中核的勢力になりうるのである。一方で、同基層組織は、積極的に基層自治を推進し、さらに自身の政治的影響力でもって自治への参加と主導をすることで、基層の大衆自治において豊かな民主主義と制度上の資源を獲得するに至る。[1]

第二に、基層民主主義を整合調整し、民主的運営の規範化することである。地域共同体（「社区」）空間の中で、現在の基層民主主義は次の三大民主主義の生活形態の共存という局面を向かえている。一つには制度上の民主主義生活、つまり村民自治、住民（「居民」）自治に挙げられるような基層自治制度を基盤とした民主的生活の形成である。二つには開発上の民主主義生活、つまり体制、組織制度の刷新によって開発民主主義により民主的生活を形成し、各種の政務公開、電子政府および各種協議制度に挙げられるような民主的生活の形成である。三つには権益保護としての民主的生活、すなわち各種の権益保護組織と権益保護行動により民主的生活を形成するということである。現在の問題は、有効な組織と体系が無いために、これらの民主的生活との整合調整が求められている。よって、上述の三種類の民主的生活は連携して力を合わせないばかりでなく、時には相互に牽制しあうことさえあり、典型的な事例としては、住民委員会と各種「事業主委員会」間での複雑な関係によって二種類の民主的緊張が発生することなどが挙げられる。

このような相互牽制と緊張は、しばしば公共の利益をロジックの起点とした「住民委員会的

1　林尚立『基層組織——執政能力与和諧社会建設的戦略資源』二〇〇六年、第九期。

民主主義」のような民主主義形式は、効果的な連携が困難で、個人利益を起点とした民主主義形式とし「事業主委員会」のようなものとなってしまう。仮に、基層の各種民主生活が整合できないまま階層、秩序、そして規範のある基層民主主義生活を形成したとしたら、民主品質の高い公民協議の健全なる発展は困難であり、例え存在したとしてもあるべき機能を発揮できないままとなる。そこで基層民主主義を整合するポイントは以下の二点となる。一点目は政党が真に社会に入りこみ、社会と融和し、社会の中核となること。二点目は、制度的な基層大衆集団自治が本来の力を発揮することだ。この二点により。基層の党建設、基層自治、基層統治および基層法治による全面的統一が可能となる。

第三に、大衆議決（「公議」）体系の構築、公民協議の育成である。公民協議の基礎は基層自治およびそれにより形成された公衆の参加にある。ただしその真の動力は、公共事業の参加および公益事業の政策決定の効果的開放といえる。この二つの領域を開放すると、協議が必要となり、そこで基層自治体制とその備えている協議組織が運営可能となる。民衆はそれに参加することができるのだ。この二つの領域の開放は、一方では基層社会そのものの公共事業議決空間の開放を具現化し、もう一方では基層政権の公共業務と公益事業の利益表明、さらに協議空間を民衆に開放する。彼らに十分な意見、希望と要求を表明できるようにし、さらに異なる民衆間、民衆と政府間の広範な協議を進める。前者の開放は、自治制度の効果的な実施と運営を基盤とし、後者の開放は、中国共産党と政府の政策決定体系の変革と基層政権の政党、中国人大および政協資源の合理的開発と利用を行う。実際のところ、少なくない基層社会が程度は異なれ上記領域を対外開放し始めている。開放の真の目的は指導、規格を備えた開放を通じて、大衆議決体系を形成し、そこから公民協議システムを育成することである。大衆議決体系の建設の鍵は、段階的ではあるがそれらの公共業務および公益事業の政策決定において基層民衆の大衆議決による協議を用いて進めるということだ。一旦この領域が確定すると基層大衆自治と基層政権間で大衆議決体系が樹立されることとなり、それにより協議の各ジャンルの公共事業が大衆議決による協議で進められることとなる。同時に、この体系を用いることで、基層社会全体の民主的生活を調整整合することが可能となる。よって、大衆議決体系を樹立すれば、公民協議も成長する可能性がある。このプロセスにおいて、政党の力、人大代表と政協委員の資源は十分に開発と利用をすべきといえよう。

上述の分析は主に、基層社会を空間として公民協議の展望と経路を探求、推進するものである。公民協議の最適な空間はまさに社会であり、最も直接的な基盤は基層地域共同体（「社区」）といえよう。しかし中国の基層民主主義は基層社会だけでなく、さらには企業および公的機関の民主的管理をも包括している。公民協議は企業単位内での生存は困難である。ただし労資関係により誘発される協議は大きな枠組みで捉えれば、公民協議の性質を備えているといえる。

つまり労資双方が国家の法律、命令の下で公民的権利を運用すると各利益の維持を起点として平等な協議が進められる。このような協議の中で、企業および公的機関の職工代表大会あるいは労働組合および労働者代表が協議の主要勢力として参加する。この角度から捉えると、企業および公的機関の民主的管理の育成と健全化は、全社会を形成する多様な形式の労資協議に対して大きな効果をもたらす。それだけでなく、このような労資協議は自然と公民協議の範囲に属するようになり、その発展は直接的に公民協議の構築を推進するのだ。

三　公民協議——実践と問題

改革開放以来、中国の基層民主主義は飛躍的な発展を遂げ、中でも重要な成果の一つとして挙げられるのが各種形式の公民協議の芽生えであり、積極的な発展姿勢が見られるようになったことである。たとえ現段階でのこれらの探求と実践がどれほど未熟なものであったとしても、その積極的方向性はやはり是認され大いに発展するべき価値があるだろう。政治的発展は、二種類の形態にほかならないが、一種類は急進的で、もう一種類は漸進的である。急進的な政治発展は一歩にして目的の地位にたどり着く。その形態は往々にして革命的代替ともいえる。漸進的な政治発展は一歩ずつ目的の地位にたどりつき､その形態は長年の積み重ねによるものだ。基層民主主義は一方では、体制解放の空間であり、もう一方では社会の成長によるものだ。どのような条件下であったとしても、それは発展すれば、成熟へと向かい、一つの道しか歩むことが出来ない。つまり､長年の積み重ねを以って初めて､辿り着くことが出来るのである。よって、基層民主主義の発展からみれば、いずれの有意義な探求や実践も、高く評価すべきものであり、愛護し、積み重ね続けることによって、物潤し細やかにして声無し（杜甫「春夜喜雨」より。万物を潤して細やかに音もなく降りしきる）のように、民主政治の建設と発展に影響を及ぼすのである。それが未成熟あるいは形骸化しているとの理由で軽々しく放棄してはならないし、常に新たに構成し続ける必要がある。留まることのない探求、実践と蓄積を続けることで、公民協議は中国が成長するための合理的な経路となるだろう。現段階で、公民協議は中国で醸成されたこのような一連の組織と形態であるのだ。すなわち、

第一に、政策決定としての公民協議。基層自治から捉えた際、政策決定としての公民協議は主として関係法律規定の会議制度を通じて実現される。村民会議、村民代表会議、住民会議、住民代表会議ならびに企業および公的機関の労働者代表大会などが例として挙げられる。これらの会議は全て基層自治における権力組織であり、直接基層社会あるいは基層単位の具体的事業を担っており、政策決定的な公民協議は直接民主主義の性質を有しており、さらに協議により形成された社会作用を伴う直接的な決定を備えている。都市住民委員会組織法（前述、『城市居民委員会組織法』）によれば、「住民会議は住民委員会の招集と主催による。五分の一以上

の満十八歳以上の住民、五分の一以上の世帯あるいは三分の一以上の住民グループの提案により、住民会議は開催可能となる。住民全体の利益に係る重要な問題に関しては、住民委員会は必ず住民会議の討論を経て決定しなくてはならない。」とある。住民会議制度に比べ、村民会議制度は村民会議の討論事項の規定が比較的具体的である。主として①村政府への分担金（「郷鎮統籌」）の徴収方法に関する、村内で割り当て徴収と使用、②村で欠勤補助を受けられる人数と補助の基準の決定、③村の集団経済所の収益使用、④村営学校、村建道路など村の公益事業の経費調達方法、⑤村の集団経済プロジェクトの立案、請負を含む、さらに公益事業の建設とその請負、⑥村民の経営計画請負、⑦宅地の使用計画、⑧村民会議での討論・決定に関連する村民利益のその他事項。その他労働組合法（『中華人民共和国工会法』）によれば、企業および公的機関の労働者（「職工」）代表大会は、企業および公的機関の「民主的管理を実行する基本形態であり、労働者は民主的管理の権利を行使する組織であり、法律および規定に準拠し、職権を行使する」。したがって、労働者の賃金、福利、労働安全衛生、社会保険など労働者に関係する事項に関する法律は、いずれも企業および公的機関の作成した具体的な規定は必ず労働組合代表大会上で討論する必要がある。例を挙げれば、『中華人民共和国労働法』は「企業労働者の一方と企業は労働報酬、勤務時間、休憩休暇、労働の安全と衛生、保険サービスなどの事項につき、調印により団体協約を締結できる。団体協約草案は労働者代表大会あるいは全労働者での討論を経て可決する」。上記の法律および規定の具体的な制度配備により、このような政策決定的な公民協議の効果的運営の重点は以下の二方面で生きている。一つには、公民の権利擁護意識および参加意識、二つには基層政府および各種自治組織の民主主義的観念と法律意識である。実践において、このような制度化された政策決定的な公民協議は制度としての運営は難しく、異なるエリア、異なる組織により運営状況の差は非常に大きい。政策決定的な公民協議は基層民主主義の運営の重要な組織であり、それゆえ公民協議は基層民主主義の実践において十分に発展する必要があり、最も重要なことは、政策決定性のある公民協議を制度として運営し、真に基層の自治事務の中核的組織とすることにある。

第二に、公聴的な公民協議である。これはまさに政府が基層社会で行う各種の公聴会を意味する。公聴会は必然的に政策決定と関連している。ただし、仮に公聴会が基層自治範囲内の事業と関連していたとしても、このような公聴会はやはり政策決定としての公民協議に属するべきである。その理由としては、直接民主主義の基層自治体制下で、もし公聴会が公民の直接参加する政策決定的な公民協議を希釈してしまうのなら、それは完全に基層民主主義の原則と精神に離反することとなる。よって一部の都市住民(「城市居民」)委員会は基層自治の名義の下、いわゆる公聴会制度を推進してしまい、根本的に基層自治を促進できないまま、かえって基層自治を薄めることになるのだ。しかし、基層民主主義の発展に公聴会は必要といえる。公聴会を主として、基層民主主義の社会生活と密接に関連している政府の公共政策、あるいは政府が解決した各種の社会矛盾の管理措置に関連するものとして展開され、政務公開、公民参加と多くの協議原則が具現化されてきた。公聴会は、実際には政党、政府および基層社会公民間の交流と協議であり、時として具体的な政策あるいは決定に伴って展開される。実践の中では、それは常に基層自治の会議組織として進められ、浙江省温嶺市のような「民主公聴会」は前のような公民協議に属するといえる。[1]理論的に言えば、このような公民協議はきわめて重要であり、政党、政府、社会組織と公民が一体になって協議を行う重要な機構であるといえる。公民の利益と意見表明の基層政権の指導と政策決定に対して直接的な支援となるためである。ただ、必要な法律あるいは制度規範が欠落しているがために公聴性を有する公民協議の制度化と規範化は不完全なままとなり、その開催の是非および開催方法を公民が決定するのではなく、基層政権が決定することになる。これらのことから、公聴性を有する公民協議は容易に基層政権の提唱する公共政策決定と公共管理の合法的なツールと手段となってしまい、公民はこのような協議では積極性と主導性が弱いため、公聴性のある協議の民主性と権威性に大きな影響を及ぼす

1　朗友興『商議民主与中国的地方経験——浙江省温嶺市的「民主懇談会」』。参照、陳剰勇、何包剛主編『協商民主的発展』中国社会科学出版社、二〇〇六年版、二〇四—二一八頁。

こととなるのである。

第三に、諮問性のある公民協議である。前者二種の公民協議において最も大きく異なるのは、このような公民協議と政策決定が直接は関係なく、結局は大衆の意見を募集したり、あるいは大衆のアイデアを募集し、公共事業の発展により公共の利益を増加させようとする点である。

近年、浙江省では「民主懇談会」のようなジャンルの公民協議が流行している。[1] ①このような公民協議に係る議題は比較的長期的でかつ大規模のもので、経済発展の構想問題や、公共財政の配備問題、社会治安の改善問題、地域共同体（「社区」）文化の発展問題などが例に挙げられる。上述のような諮問性のある公民協議は、政党と公民間、政府と公民間、さらには競い合う自治組織における公民間で展開され、政党あるいは政府にとっての社会情勢と民意を理解だけでなく、人民の知恵と知性、気持ちである人心が集合し形成されたものである。公民にすれば、秩序的な公民参加というだけでなく、利益のための意見表明の場でもある。つまりこのような公民協議は基層民主主義の空間を創造すると同時に、基層社会の交流、調整と発展を促進しているのである。加えて調和と社会建設において、このような公民協議は更なる成果を生むことが推察される。

1　陳奕敏『温嶺民主懇談会：為民主政治尋找生長空間』、『決策』二〇〇五年、第十一期。

第四に、協調性のある公民協議である。これは公民協議が公共の政策決定（過程）だけでなく、民意の表明にも用いられないが、利益矛盾の調整には用いられ、中でも公民内部、公民と各種社会組織間に存在する利益矛盾の調整と解決のために多用されることである。このような組織を通じ、利益衝突が生じた際、各方面で必要な交流と妥協を進め、ある種の共通認識へと至り、互恵関係を実現するのである。ここに述べた協議は政党もしくは政府組織では可能であり、さらに基層自治組織、関連する社会組織あるいは公民組織そのものでも可能であり、その組織形態と運営方式は自由であり、非制度的であり、一議題一会議という形式をとることが多い。例を挙げれば、二〇〇六年三月に重慶市内万盛区で開催された、万盛区と平社区のゴミ箱設置に関する円卓対話会議（「万盛区和平社区設片垃圾箱円卓対話会議」）はこの種の公民協議と考えてよいだろう。[1] 協調性のある公民協議とは、情報、利益、意見の交流による情報の疎通が困難で、アシンメトリーともいえる各種の隔たりの状況を解消し、そこから互恵利益の原則の下、利益矛盾と衝突を解消する効果的な形態といえる。

公民協議は、柔軟に運用すれば、安定し、秩序と調和のある基層社会に対して積極的な効果を有する。

1　方娟、張宗貴『官民対話之「円卓会議」』、『公民導刊』二〇〇六年、第五期。

上述してきた四種類の公民協議は、あるものは制度配置から、あるものは基層社会の自我より創造されたものであった。これらのうち､公民はいずれも重要な役割を担っている。しかし、実践においては、前掲の四種類の異なるジャンルの公民協議間の境界は明確ではなく、しばしば混用され、相互に入れ替わったりしている。このような相互交替は、曖昧で異なるジャンルの公民協議に生じると同時に、曖昧な基層民主主義が成長していく方向でもある。表面的には基層民主主義の生活は多種類の形態の公民協議であることから、変化に富んでおり、規模が大きくて勢いのある局面が露出することになる。

しかしどのような民主的形態を用いて問題を解決するのか、あるいはどのような問題に対してどのような民主的形態で基本的問題を曖昧な条件下で解決するのかは、公民が正確な運用と基層民主主義組織の制御能力による影響を受けることに拠る。彼らは目の前の民主主義を無視できないだけでなく、これらの民主主義が生む効果をどうすることもできない。よって、公民協議を真の公民が把握する政治的資源とするには、公民がしっかりと基層社会の何種類の公民協議が運用できるのか、各種の公民協議機構の機能の違いを理解する必要がある。上記のことをしっかりと把握し、さらに公民が基層民主主義における地位および保有している政治資源を把握することで、空間に秩序的に参加できるようになり、そのルートと影響力がはっきりする。

表1　4種類の公民協議

ジャンル	主体	主題	性質	動力
政策決定的な公民協議	公民	自治事業	制度性	公民参加
公聴的な公民協議	公民と政府	政策決定	秩序性	公民参加と政府配備
諮問的な公民協議	公民、政党、政府	公益発展	秩序性	公民参加と政府配備
協調的な公民協議	公民と利益関連者	利益調整	道具性	利益関連者の共同要求と政府推進

上述した四種類の公民協議を列挙したものが表1となる。

ここで指摘しておきたいのは、基層民主主義内の公民協議が効果的な育成と成長ができるかどうかということである。公民および公民社会の育成と成長を除いて、大きな枠組みで捉えても、基層民主主義建設において大きくこれらの公民協議の制度化と規範化の発展を左右するということである。ここ何年かの発展から見ても、基層自治の法律規定に関連した政策決定的な公民協議を除いて、その他の形態の公民協議は場所空間的に、必ずしも普及しているわけではなく、時間軸で見ても恒久性があるとは言いがたい。しばしばある場所ある時間、ある部門またはある指導による政治刷新的な産物といえる。しかしながら、実践はこれらの公民協議が基層民主主義と社会調和の促進などが、いずれも効果的な民主主義の資源であることを証明している。つまりどのようにして既存の各種の公民協議を制度化、規範化そして系統化し、さらに公民の秩序ある参加および民主的な公共事務事業を管理する重要なプラットフォームとして実現していくのかということは、中国の未来の基層民主主義の構築と発展にとって極めて重視すべき戦略的問題となるだろう。

中国のような巨大規模社会で、民主主義の構築と発展の合理的ルートは一体上から下へいくのか、それとも下から上に行くのかという問題が生じる。実際には一つ仮定問題が出てくるだろう。道理は簡単で、これほどまでに国家の変遷と発展が早いと、民主主義は民主主義のために存在するのではなく、人と社会が共同で進歩・発展できるために存在することにある。したがって、民主主義の真の要求は、人（類）と社会発展の要求ということになる。このような要求は二つの側面を包括している。一つには、人と社会発展のさらなる民主的空間であり、二つには人と社会発展のための更なる政治保障である。上述の要求の背景にある中核的価値は、民主主義の成長、経済および社会発展の保持において積極的な協調関係を結ばせ、経済と社会発展に適応させるだけでなく、経済と社会発展をも保障できる。つまり、前述の民主主義の成長は漸進的である必要があり、その行動構造も必然的に複合性のあるものとなり、個別あるいは単線では不可能といえる。この複合的な行動構造中、基層民主主義は直接経済と社会発展を反映しており、ゆえに基層民主主義の活力というのは国家全体の民主的建設と発展に対する直接的な戦略的価値になりうる。中国が社会建設の発展の調和段階に入るに伴い、前述した戦略的価値と現実的な意義とが浮き彫りになった。基層民主主義の主体はまさに公民であり、その使命は自身の権利の擁護、公共利益の保障、基層政府の監督、国の主（主人公）となることを実現することとなった。国内外の民主主義の実践はいずれも、様々なタイプの公民協議により基層民主主義を運営する効果的な形態といえる。よって、健全なる公民協議体系の構築は、中国の基層民主主義建設および発展の戦略的任務であるといえる。このルート（進路）は、中国がこれまで力を注ぎ造りあげてきた、漸進的、秩序的な民主的発展の道に適合しているだけでなく[1]、加えて社会調和による社会建設を促し、加えて建設による調和社会の社会建設戦略の保持にも適合している。安定した秩序があり、さらに活力に満ちた基層民主主義、中国の民主的成長と調和社会の建設にも同様に、安定した政治基盤と広大な戦略空間が広がっている。

1　林尚立『有序民主化――論政党在中国政治発展中的重要作用』、『吉林大学学報』、二〇〇六年、第四期。

まとめ

協議民主主義は中国発展の原動力

協議民主主義は中国改革発展の重要な政治的成果である。協議民主主義の出発点は人民の自主性、創造性および参加性を尊重し、協議で共通認識をつくり出し、共通認識で発展を推進し、発展で共有を優良化させ、共有を以て共に豊かになることを実現する。従って協議民主主義は人民民主主義の本質的要求であるだけでなく、社会主義社会が自ら完全化した内在組織である。中国の改革開放は始終人民民主主義を堅持し、社会主義を堅持し、民主が中国の進歩と発展を促進して、初めて、創造的な中国特色ある協議民主主義の道を歩むことができる。

人、自然および社会関係を合理的に調整するのは、国家制度の最も基本的な使命であり、その核心中核部分は利益関係の協調である。どのような利益問題でも人を起点としており、人は利益の主体であり、利益関係を生む源である。公共権力および各種制度の発生と発展は、利益協調のニーズとの関係はきってもきれない。現代民主主義制度は、人権を神聖的なものとみなすことを前提に、構築された制度体系である。このような制度体系は人類の現代文明の急速な進歩と発展を促した。民主主義は人類進歩の原動力といえる。よって鄧小平は「民主主義が無ければ、社会主義も無く、現代化も無かっただろう」と述べたのである。

しかし、各国の実践が示すように、民主主義は発展のための必要条件であり、十分条件ではない。なぜなら形式的選択で機能を確立し、制度の創立を確固たるものにする、民主主義建設はいずれも十分複雑な政治建設および発展プロセスである。どの段階で問題が出たとしてもいずれにしても民主主義の危機を招き、ひいては社会の進歩と発展にも危害を及ぼしかねない。よって、適切な本国の歴史、社会および文化、同時に実際の機能としての民主主義の制度は、一つの国家の発展能力と潜在力を決定する。よって、協議民主主義の確立は、中国の民主化プロセスと関連しているだけでなく、中国で実現可能な持続的発展の政治基盤および国家能力とも関連しているのである。

中国の協議民主主義の創立は、中国の政治協議制度と自然と深い淵源関係を結ぶようになった。しかしその根源は政治協議制度ではなく、人民民主主義に近しいものがある。人民民主主義は中国の国家体制であり、中国の政治体制を決定し、国家の根本的制度と基本制度の実践を通じて、人民を国の主人としている。人民民主主義の核心は、人は発展の根源であり、発展は人の根源であることにある。人民は国家の根源であり、国家は人民のために奉仕（「服務」）する。人民は主人公であり、人民の国家を共同建設するのである。よって、人およびその連合により成立した人民は国家発展と統治の主体であり、民主主義と進歩のロジックを起点としている。このような国家体制は人民の広範な参加と利益調整、公共事業の配備、さらには国家政策決定のプロセスにおいて決定され、国家と社会保持に内在する合法性と有効性が根源に所在するといえる。協議民主主義はまさにこのような国家体制において内在的に要求される必然の産物なのである。

政治協議は中国の協議民主主義の重要なコンテンツであるが、しかし唯一ではない。人民民主主義のロジックを起点に、中国の協議民主主義を取り巻く三大利益関係を調整することで展開されている。すなわち、まず、個人の利益調整である。これは主として集団自治により形成された公民協議である。次に、集団の利益の調整であり、これは主として党の集団路線と政府の民主政策決定により形成された社会協議である。最後が国家と公共利益の調整である。これは主として党派共同合作および人民政協により形成される政治協議である。この三つのレベルの協議はいずれもそれぞれがしっかりとした価値、制度と組織基盤を有し、一つの政治体系において相互に補い合い、促進し、そして一つの完全なる協議民主主義の制度体系を構成している。

中国の協議民主主義は人民を主人公とし、利益調整により展開され、それゆえ溢出する効果は国家の発展に対して深い価値と意義を有する。公民協議は社会調和（ハーモニー）を創造するだけでなく、さらに自治能力を向上させることができ、これは中国で実現可能な持続的発展のために、質の高い社会体系（システム）を育成することができる。社会協議がもたらした科学的な政策決定、および党、国家さらに人民提携による共同統治の局面は、中国の持続可能な発展、科学的指導と政策決定、加えて有効な事業体系の構築を育成するだろう。政治協議がもたらした全社会的な提携は、国家内の一体化および国家意志の最適優良化、中国の持続可能な発展は効果的な指導体系、安定した国家一体の構造および民主主義政治のシステムを育成することになる。

これまで述べてきたことを踏まえるに、協議民主主義の発展は、中国の民主主義政治建設の助けとなるだけでなく、国家全体の進歩と発展にとっても利のあることである。改革が正念場を迎えた中国の発展から述べれば、協議民主主義は改革発展を奮い立たす動力となる重要な機械装置（メカニズム）であり、よって戦略的に捉えても協議民主主義の建設と発展は高度に重視せねばならない。

著者紹介

林　尚立（リン・ショウリー）中共中央政策研究室秘書長。1985年復旦大学国際政治学部卒。同大学院国際政治専攻修士課程修了。法学博士。復旦大学助手、講師、教授を経て、2011年より同副学長に就任。2017年より現職。著書に『選挙政治』、『政党政治与現代化』、『当代中国政治形態研究』など。

協議民主主義

中国モデルの創造と実際　　**定価2980円＋税**

発　行　日　2018年10月15日　初版第1刷発行
著　　　者　林　尚立
訳　　　者　宮島　泉
監　　　訳　三宅孝之
出　版　人　劉　偉
発　行　所　グローバル科学文化出版株式会社
〒140-0001 東京都品川区北品川1-9-7 トップルーム品川1015号
印 刷・製 本　株式会社シナノ

ISBN 978-4-86516-017-8　C0036